MÉMOIRE

ADRESSÉ

A L'ASSEMBLÉE NATIONALE,

CONTENANT les persécutions éprouvées par les FRANÇOIS, à Tabago, & notamment par le sieur BOSQUE, pour avoir donné des preuves de civisme; *& dont l'impression a été ordonnée par la Section de la Bibliothèque.*

DEUXIÈME ÉDITION.

A PARIS,

De l'Imprimerie de L. POTIER DE LILLE, rue Favart, N°. 5.

1791.

A L'ASSEMBLÉE NATIONALE.

MESSIEURS,

QUELQUES nouveaux ſujets François, nés Ecoſſois, réſidans à Tabago, ont cru, à dix-huit cents lieues de vous, ſe ſouſtraire à votre comité des recherches. Ligués avec le ſieur Jobal, commandant, & les officiers du ſecond bataillon de la Guadeloupe, alors en garniſon dans cette colonie, ils ſe ſont crus aſſurés de l'impunité. Dès-lors les voies les plus obſcures, les complots les plus noirs, ... tout fut mis en uſage pour me perſécuter.

Repréſentez-vous, Meſſieurs, toutes les horreurs d'un crime combiné, appuyé de la rage effrénée que l'on connoît aux ennemis de la conſtitution, & vous aurez une idée, mais foible encore, de ce qu'ont éprouvés les patriotes François à Tabago.

Les détails déduits dans mon mémoire, ſoutenus de pièces authentiques, prouveront que ces mêmes

Ecoſſois furent tout-à-la-fois mes accuſateurs, mes témoins & mes juges, & oſèrent prononcer une condamnation ignominieuſe contre moi, qui inſulte vingt-cinq millions de François.

Condamnation fondée ſur les dépoſitions de vingt-ſix témoins, qui prouvent que mes crimes, aux yeux de mes ennemis, ont été, 1°. d'avoir arboré le premier la cocarde nationale à Tabago;

2°. D'en avoir fait faire pour en diſtribuer à mes concitoyens;

3°. D'avoir convoqué une aſſemblée, qui reçut le ſerment civique de pluſieurs ſoldats de la garniſon, & qui obtint la ſanction des repréſentans du pouvoir exécutif, & de la maſſe générale des citoyens de la colonie, aſſemblés, le 28 octobre dernier, à la ville du Port-Louis;

4°. D'avoir propoſé qu'il fût nommé un député pour être envoyé à l'aſſemblée nationale, afin de lui ſoumettre un état de la population, des beſoins & des reſſources de Tabago;

5°. D'avoir ouvert une ſouſcription, afin qu'il fût fait une bourſe pour être adreſſée à la capitale, & répartie entre les veuves & les orphelins dont les pères & les maris avoient perdu la vie à la journée mémorable du 14 juillet;

6°. D'avoir eu le bonheur de voir planter, par la garnison de Tabago, le pavillon national à ma porte ;

7°. Enfin d'avoir maintenu l'ordre & la paix.

Ce fut sur de pareilles dépositions que des juges prévaricateurs donnèrent lieu à ce que tout mon mibilier fût pillé, en me faisant arrêter, ainsi que mes nègres, & laissant ma maison ouverte, sans garde, sans scellé, & à l'abandon pendant quinze jours, temps auquel ils nommèrent extrajudiciairement des séquestres, qui s'emparèrent alors de tout ce que je possédois.... Ce n'étoit rien encore, un jugement ignominieux couronna mon civisme ; & pour ensevelir dans le secret de tels crimes, & m'enlever les moyens de me faire entendre aux représentans de l'empire, ils m'obligèrent de prêter un serment qui me bannissoit à perpétuité de cette colonie, & me firent jetter dans une isle étrangère, au milieu des sauvages ; lieu désert, dont aucun bâtiment n'approchoit.

Augustes députés, JUSTICE, voilà mon mot ; vous ne pouvez me la refuser, sans y comprendre vos commettans & vous-mêmes, de qui j'ai suivi les principes.

J'accuse, je me plains, mais je prouve; or, le doute même de ma part, de ne pas obtenir une réparation briève & entière, seroit un outrage.

J'ai l'honneur d'être, avec le plus profond respect,

MESSIEURS,

De la Nation, de la Loi & du Roi, le très-fidèle sujet,

C. BOSOUE.

MÉMOIRE

ADRESSÉ

A L'ASSEMBLÉE NATIONALE,

PAR LE SIEUR CHARLES BOSQUE,

Avocat à Tabago, actuellement à Paris;

CONTRE, 1°. *M.* DE JOBAL, *Commandant à Tabago, en l'absence de M.* DILLON, *Gouverneur; 2°. Les sieurs* GILBERT PÉTRIE, THOMAS WILSON, NATHANIEL STEWART, *Membres de l'ancien comité intermédiaire de l'Assemblée Coloniale de ladite Isle, tous les trois Accusateurs & Juge du sieur* BOSQUE; *3°. le sieur* WILLIAM SMITH, *Membre dudit Comité, Prévôt-Maréchal de ladite Isle, Accusateur, & un des témoins entendus contre le Plaignant; 4°. les sieurs* THOMAS CURIE, ROBERT PATERSON, *Membres dudit comité, Accusateurs; 5°. le sieur* DANGLEBERME, *Juge de paix, agissant, en cette cause, comme l'agent des Officiers du deuxième bataillon de la Guadeloupe, alors en garnison à Tabago, faux dénonciateur; tous résidens, domiciliés ou habitans de l'Isle de Tabago;*

Et demande en cassation d'un jugement de la Cour d'Oyer & Terminer de ladite Isle, rendu le 26 Novembre 1789, contre ledit sieur BOSQUE, *pour avoir reçu le serment civique de plusieurs soldats, d'après le vœu de la première Assemblée patriotique de Tabago, de laquelle il étoit Secrétaire.*

MESSIEURS,

Que ne puis-je m'exempter de faire un tableau des persécutions que j'ai souffertes, des machinations odieuses qui se sont tramées; d'une condamnation qui influe sur les principes adoptés par vingt-cinq millions de François, & par ses sages représentans.

Dans quelques endroits de l'empire l'on a vu les ennemis de la constitution, de tout genre, fomenter des troubles, des divisions, & par-tout être déçus. Tabago, au contraire, nous en offre d'une nouvelle espèce. Ils se sont permis de condamner, par un jugement, comme criminels, des hommes qui, connoiſſant leurs droits, que vous aviez décrétés, ont oſé les réclamer.

Le perfide qui, pour ſe venger de ſon ennemi, lui enfonce un poignard dans le ſein, eſt, j'oſe le dire, moins coupable que ceux qui, ſous le manteau de la loi, cherchent à aſſouvir leur vengeance ſur l'innocent qu'ils déteſtent. Voilà ce qui ſe rencontre, cependant, dans les plaintes contenues dans ce mémoire, que je ſoumets à l'aſſemblée nationale, comme le ſeul tribunal compétent pour connoître d'un fait dont les annales les plus reculées ne nous ont jamais fourni d'exemple, & dont les ennemis de la conſtitution pouvoient ſeuls être capables.

FAITS.

Le mémoire que j'ai eu l'honneur de préſenter à l'aſſemblée nationale, aura prouvé combien les François étoient victimes de l'arbitraire à Tabago : nul d'entr'eux qui oſât ſe plaindre, nul d'entr'eux qui ne frémît au ſeul nom de leur commandant.

Ce fut ſous un eſclavage auſſi cruel, que parvinrent, dans cette colonie, les nouvelles de la régénération françoiſe.

Jugez, Meſſieurs, l'effet que dut produire, ſur

les ames de ces François, le décret qui déclare les droits de l'homme.

La cocarde nationale fut le premier ſigne duquel ils osèrent vouloir ſe décorer : mais ne connoiſſant que trop les dangers auxquels ils s'expoſoient, leur patriotiſme gémiſſoit en ſilence, & tous ſe diſoient à l'oreille : . . . . . Nous ne ſommes malheureuſement que peu de bons François ; ſi la troupe ſe déclare contre nous, nous ſerons victimes de notre zèle : les nouveaux ſujets (1), qui, juſqu'à préſent, ont conſervé la prédominence ſur nous, *par la faveur du gouvernement*, ne verront pas ſans jalouſie l'égalité adoptée par le nouveau ſyſtême. Non, leur dis-je, & je me trompai. Les nouveaux ſujets ſont tous Ecoſſois, accoutumés à vivre ſous les auſpices de la liberté, ils ſe joindront à nous, n'en doutons pas ; le ſoldat ſera François ; notre commandant, forcé de ſe ſoumettre aux loix, n'oſera plus les enfreindre ; nous oublierons toutes les perſécutions éprouvées, & nous ne ferons déſormais qu'une peuplade de frères. Ces ſentimens prévalurent ; je fus chargé de faire tra-

---

(1) Toutes les fois que l'on citera les nouveaux ſujets dans ce mémoire, l'on parlera des Ecoſſois réſidans à Tabago, qui, par leur ſerment, ſont devenus François.

vailler à des cocardes nationales, & d'en porter aux administrateurs de Tabago, & à M. le procureur-général.

J'en présentai une à M. l'ordonnateur, qui la reçut, en donnant des marques les plus positives de sa satisfaction ; je m'acquittois aussi de ma mission auprès de l'homme du roi, & j'en fus bien accueilli. Mais j'avoue que, par déférence, je n'eus pas le courage d'en présenter une à M. de Jobal, & je me contentai d'en charger le sieur Testu, avocat dans cette colonie, que je croyois aimé de ce commandant.

Le lendemain, 18 octobre 1789, j'arborai ce signe si cher aux François. Plusieurs personnes suivirent mon exemple ; mais tout-à-coup, je vois tous les chapeaux privés de leurs nouvelles parures...... Surpris de ce changement, je cherche quelqu'un de ma connoissance pour savoir les raisons qui l'avoient opéré, lorsque le sieur Saint-Aubin, hoqueton de l'intendance, m'accoste, & de la part de Messieurs les administrateurs de la colonie, me prie d'ôter ma cocarde.

Je réponds que les représentans de la nation, le roi, généralement tous les François, la portoient, & que je ne prévoyois pas quelle fût la raison qu'à Tabago exclusivement l'on dût être privé d'arborer le gage de la régénération françoise ; que j'avois toujours eu une entière déférence aux ordres des chefs de la colonie ; mais que, dans cette circonstance, je croirois manquer aux devoirs du François, si j'acquiesçois à leurs désirs.

Les nouvelles parvenues à Tabago, de l'isle Sainte-Lucie, nous apprirent, quelques jours après, que de bons citoyens s'étoient assemblés à la ville de Castries, à l'effet d'adresser à l'assemblée nationale leurs témoignages d'une vive reconnoissance, sur le nouveau régime françois, de prêter le serment civique, & d'adresser une bourse pour être distribuée aux pauvres veuves & orphelins dont les maris & les pères avoient perdu la vie à la journée mémorable du 14 juillet.

Les bons François de Tabago ne cessoient de se plaindre d'être les seuls privés de ce bonheur. Messieurs, leur dis-je, je ne doute pas que toute la colonie ne pense comme nous ; mais il faut que ceux qui la composent se réunissent pour cet effet ; plusieurs personnes présentes à cette assertion, me chargèrent unanimement d'inviter tous les habitans.

Je m'empressai, le 22 octobre 1789, d'écrire une lettre en françois, que je fis traduire en anglois, au nom de plusieurs citoyens, & je l'adressai aux anciens & nouveaux sujets françois de Tabago, par laquelle je les invitois à se réunir le lendemain

23, dix heures du matin, pour coopérer au bonheur général de la colonie (1).

Cette lettre étoit à peine entre les mains de deux personnes qui la faisoient circuler, que je reçus un exploit, connu sous la dénomination de warant en Angleterre, que me signifia l'huissier Bigé, de la part de M. Chancel, procureur-général à Tabago, qui, par des vues de prudence, avoit cru devoir le décerner.

Ce Warant défend la tenue de l'assemblée projettée, & m'ordonne les arrêts dans ma maison, pendant toute la journée du lendemain 23 octobre, & charge la marechaussée de son exécution (2).

Le lendemain 23 octobre, sur les onze heures du matin, plusieurs François vinrent me trouver, & m'annoncèrent impérativement qu'un concours de citoyens étant déjà rassemblés au lieu désigné par ma lettre d'invitation, il étoit instant que je me rendisse à l'assemblée.

Je leur représentai qu'étant aux arrêts par l'ordre du procureur-général, il m'étoit impossible d'en

(1) Cette lettre se trouve à la liasse, n°. 1, sous la cote A.

(2) Cette pièce est contenue à la même liasse, sous la cote B.

ſortir, à moins que de tranſgreſſer l'obéiſſance due à un ſupérieur, & de faire dégénérer la liberté en licence.

Les uns ſe rendirent ; les autres exaltés n'écoutoient que leur enthouſiaſme ; & ce fut au milieu de leurs débats que je reçus une lettre de M. le commandant, qui me donnoit avis que lui, M. de Jobal, s'étant entendu avec M. de Saint-Laurent & M. de Chancel, me relève des arrêts, & m'engage de reſter tranquille, en me diſant que mon patriotiſme m'égaroit (1).

Ayant pris lecture de cette lettre, je repréſentai aux citoyens qui ſe trouvoient chez moi, que les perſonnes raſſemblées ne pouvoient former que la minorité des François de l'iſle ; que je ne croyois pas qu'ils puſſent opérer légalement. Alors une voix s'élève ; invitons MM. Grelier, Guys, Fremin, & Favaux, ils ne pourront s'y refuſer ; & dès l'inſtant que les habitans verront des perſonnes attachées à l'adminiſtration ſe joindre à l'aſſemblée, tous les citoyens, qui vraiſemblablement ne déſirent que cela, ſe réuniront.

Cette motion arrêtée, on écrivit à ces per-

---

(1) Cette pièce eſt contenue à la même liaſſe, ſous la cote C.

ſonnes, & la lettre fut ſignée de Meſſieurs Ruthie, Chapp (1), la Fond & Boſque (2).

Première séance

De l'aſſemblée patriotique de la ville du Port-Louis de Tabago.

MM. Grelier, Fremin & Favaux, s'étant rendus au lieu de la convocation le 23 octobre, à trois heures de relevée, ils furent ſuivis d'un concours nombreux de François : ma première motion tendit à ne point confondre la licence avec la liberté, & je propoſai, à cet effet, de procéder immédiatement à l'élection d'un préſident, qui, proviſoirement, preſcriroit les règles auxquelles les membres de l'aſſemblée ſeroient tenus de ſe conformer. La propoſition ayant été unanimement applaudie, & les voix paſſées par le ſcrutin, M. Grelier fut élu préſident par la majorité, & prit ſéance en cette qualité.

M. le préſident propoſa d'élire un vice-préſident & un ſecrétaire.

---

(1) Le ſieur Chapp, qui a ſigné cette lettre, eſt habitant, & celui qui a dépoſé contre moi ci-après, eſt marchand.

(2) Cette lettre ſe trouve à la liaſſe, n°. 1, ſous la cote D.

M. Fremin fut élu vice-préſident, & j'eus l'honneur d'être nommé ſecrétaire, avec voix délibérative.

L'aſſemblée ſe conſtitua enſuite en aſſemblée patriotique de Tabago; ſur les repréſentations de ſon préſident, elle arrêta qu'on adreſſeroit une invitation, ſignée de tous les membres de l'aſſemblée, à MM. les adminiſtrateurs, afin de les prier de ſe joindre à l'aſſemblée, & que MM. Fremin, Favaux, Ringlet, Dufreſnoy & Fouquet ſeroient députés vers eux à cet effet (1).

Ces députés ayant rendu compte que M. de Jobal improuvoit l'aſſemblée, & qu'il refuſoit de ſe rendre à ſes vœux, il fut mis en délibération & arrêté *qu'il ſeroit fait d'itératives repréſentations à MM. les adminiſtrateurs, ſur les motifs qui avoient donné lieu à la réunion des François à Tabago; & au cas d'un ſecond déſaveu de leur part, l'aſſemblée ſeroit diſſoute, comme une marque* non équivoque du reſpect des citoyens pour la loi (2).

MM. Fremin, Favaux, Ringlet, Boutellle, Jamet

(1) Cette invitation ſe trouve à la même liaſſe, ſous la cote E.

(2) Cette pièce ſe trouve à la même liaſſe, à la ſuite de la pièce cotée G, ſous la cote F.

&

& Dufresnoy protestèrent alors contre tout ce qui se faisoit à l'assemblée (1).

M. Fremin, qui, immédiatement après ses protestations, avoit été rendre compte à M. le commandant de l'arrêté de l'assemblée, y revint dix minutes après, & annonça que MM. les administrateurs se proposoient de donner une fête publique, où la troupe en garnison dans l'isle prêteroit le serment civique. Lassemblée vota alors des remercîmens pour MM. les administrateurs, & déclara qu'elle ne se considéroit légale, que d'après leur sanction ; que tout ce qui avoit été fait subsisteroit néanmoins, jusqu'à ce qu'il en eût été autrement ordonné (2) ; & que la copie dudit arrêté seroit présenté à MM. les administrateurs de Tabago, par les sieurs le Maire, Wyath & Guenon.

Lassemblée s'ajourna au 30 du même mois d'octobre.

DEUXIÈME SÉANCE.

L'assemblée patriotique de la ville du Port-Louis de Tabago, s'étant réunie extraordinairement sur la convocation de son président, le vingt-cin-

1) Cette pièce est sous la cote G.

(1) Voyez la cote H.

quième jour du mois d'octobre 1789, à quatre heures de l'après-midi,

M. le président annonça que la convocation de cette assemblée n'avoit été faite que d'après la demande des députés vers MM. les administrateurs, lesquels alloient rendre compte à l'assemblée du résultat de leurs missions.

MM. le Maire, Wyath & Guenon instruisirent *l'assemblée que M. le commandant de Tabago la prioit de s'occuper d'un réglement provisoire concernant les gens de couleur libres, & les esclaves de la colonie, & remirent sur le bureau leur procès-verbal, qui expliquoit les objets sur lesquels elle étoit priée de délibérer* (1).

Plusieurs François ayant augmenté le nombre

---

(1) Ce procès-verbal, les registres de l'assemblée patriotique, ainsi que différentes autres pièces, se sont égarées lors de mon emprisonnement : mais je me plais à me persuader que MM. Grelier & Guys, qui sont de présent à Paris, pour porter leur doléance à l'assemblée nationale, présenteront quelques-unes des pièces qui me manquent : d'ailleurs, les plus essentielles étant celles que je rapporte, & qui sont annexées au mémoire original, & imprimées à la suite du présent, fourniront la preuve la plus authentique des vues sages & patriotiques des citoyens de Tabago.

des membres de l'aſſemblée, M. le Borg[illegible] demanda ſi elle étoit légale ; la motion, ſoutenue par le ſieur Fadeuilhe, miſe en délibération, & paſſée au ſcrutin, la légalité de l'aſſemblée fut déclarée à la majorité de 43 voix contre 27 (1).

Je ne dois pas paſſer ſous ſilence que cette motion attira au ſieur Fadeuilhe des propos déſagréables de la part du ſieur Pacaud : mais le préſident ayant ordonné le ſilence, il ramena tout à l'ordre.

M. Guys fut enſuite élu vice-préſident, en remplacement de M. Fremin, qui, d'après ſes proteſtations, avoit renoncé à ſa place.

Je prononçai un diſcours (2), à la ſuite duquel je fis pluſieurs motions, dont deux furent unanimement approuvées, & les autres renvoyées à l'aſſemblée générale de la colonie, annoncée par MM. les adminiſtrateurs.

M. le préſident ayant repréſenté à l'aſſemblée que la compagnie des chaſſeurs, en garniſon à Tabago, déſiroit ſe joindre à nous le jour de la fête annoncée par MM. les adminiſtrateurs, l'aſſemblée députa deux membres vers M. le commandant, pour lui demander, au nom de l'aſſemblée

---

(1) Voyez les dépoſitions des témoins à la liaſſe, nº. 2.

(2) Voyez la liaſſe, nº. 1, ſous la cote J.

patriotique, la faveur sollicitée, ce qui fut accordé par M. de Jobal.

M. de Chancel le jeune, de présent à Paris, ayant demandé que l'assemblée s'occupât de sa police, il fut arrêté qu'elle nommoit à cet effet MM. de Chancel le jeune, Guys de Saint-Hélène, Gautier & Flocker, qui soumettroient leurs opérations à l'assemblée, pour être statué ce qu'il appartiendra.

Sur une motion de M. le Borgne, l'assemblée arrêta qu'il seroit nommé un comité composé de dix-neuf membres, y compris le président, le vice-président & le secrétaire, à l'effet de rédiger les différentes opérations qui devoient être adressées à l'assemblée nationale, concernant la colonie, lequel comité seroit tenu de rendre compte à l'assemblée patriotique, pour être statué en définitif.

Sur une motion du sieur Cocker, nouveau sujet, le sieur Mounier fut nommé interprête anglois de l'assemblée patriotique.

Ensuite l'assemblée arrêta qu'il seroit de nouveau écrit aux habitans de la colonie, afin de les inviter à se joindre à l'assemblée patriotique du Port-Louis, qui s'ajourna au lendemain 26, dix heures du matin.

TROISIÈME SÉANCE.

Le lendemain 26, à l'heure désignée, l'assemblée tenant sa séance, M. le président l'instruisit *que la compagnie de M. Cordelier, du régiment de la Guadeloupe, & casernée en ville, étoit au moment de monter au fort : que les soldats murmuroient d'être obligés de céder leur place à la compagnie des chasseurs, & qu'il convenoit de demander que la faveur accordée par M. le commandant, aux chasseurs, ne s'étendît que sur vingt-cinq soldats de chaque compagnie des cinq, en garnison à Tabago; de prier néanmoins M. le commandant d'en augmenter le nombre, s'il le jugeoit convenable; ce que l'assemblée arrêta* (1).

Les sieurs le Borgne & Fadeuilhe, qui avoient été députés vers M. le commandant, la veille, furent de nouveau choisis pour remplir cette mission, & à leur retour, ils instruisirent l'assemblée que M. le commandant avoit insulté le sieur le Borgne, un des députés (2).

---

(1) L'expédition de cette pièce, sous la cote L, n'est point imprimée, ainsi que la suivante, mais elle ont été soumises aux commissaires des sections de Paris.

(2) Le procès-verbal des sieurs le Borgne & Fadeuilhe se trouve à la liasse. n°. 1. sous la cote M.

L'assemblée arrêta qu'elle prenoit en considération l'exposé de ses membres ; qu'expédition seroit remise, à son comité, de leur procès-verbal, pour, sur le rapport qui en seroit fait, être statué à l'assemblée générale de la colonie, ce qu'il appartiendroit : mais l'objet de la députation requiérant célérité, elle nomma le sieur la Fond pour remplacer le sieur le Borgne, afin que l'arrêté de l'assemblée, concernant les militaires, eût son exécution.

Les députés ayant rendu compte que M. le commandant approuvoit la demande de l'assemblée, M. le président annonça qu'il étoit chargé, de la part de MM. les administrateurs, d'exprimer à l'assemblée qu'ils désiroient ajouter une prière particulière au bas de la lettre d'invitation qui devoit être envoyée aux habitans de la colonie ; mais qu'avant de mettre l'objet en délibération, il alloit leur faire lecture du projet d'une lettre que son comité avoit rédigée à ce sujet. Cette lettre étoit conçue en ces termes : « Messieurs, en conséquence de l'arrêté de l'assemblée patriotique, » tenue le jour d'hier, en la ville du Port-Louis, » MM. les anciens & nouveaux sujets François sont » invités, de la part & selon le vœu de tous » les membres de ladite assemblée, à se trouver,

» vendredi prochain, 30 *du courant* (1), à dix » heures du matin, en la nouvelle salle du palais, » pour, & avec les citoyens déjà réunis & constitués en assemblée, ne former qu'un seul & » même corps, & tous ensemble manifester leur joie » de la régénération françoise. Au Port-Louis, le » 26 octobre 1789 ». Ce projet de lettre & la demande de MM. les administrateurs, furent unanimement approuvés, & l'assemblée députa, auprès des chefs de la colonie, le sieur Fadeuilhe, qui remit la lettre à laquelle étoit joint le *post-scriptum* suivant : *Messieurs les administrateurs se joignent à l'invitation de l'assemblée du Port-Louis, & invitent toute la colonie de s'y trouver, pour contribuer tous ensemble au bien général.*

Signés *le Chevalier de Jobal*, & *Roume de Saint-Laurent* (2).

L'assemblée arrêta que ladite lettre seroit imprimée en anglois & en françois, pour être adressée à tous les habitans de l'isle de Tabago; elle procéda ensuite au réglement provisoire concernant

---

(1) Sur les lettres imprimées, d'après la demande des administrateurs, au lieu du 30 du courant, on mit le 28.

(2) Ces pièces sont à la même liasse, sous les cotes N. O.

les gens de couleur libres & les esclaves (1), & termina la séance, en s'ajournant au lendemain 27.

QUATRIÈME SÉANCE.

Le même jour 26, six heures du soir, les membres de l'assemblée s'étant extraordinairement réunis, ils furent instruits, par leur président, que le sieur Burnet, chargé de l'impression de la lettre d'invitation adressée à MM. les administrateurs de la colonie, n'avoit pas mis sous presse ladite lettre, sous le prétexte que M. le commandant lui avoit fait défense de l'imprimer, & M. le président ajoute qu'il ne pouvoit présumer que ce commandant, après avoir paru donner des preuves de son patriotisme, se trouvât tout-à-coup d'un sentiment aussi contraire à ses démarches.

L'objet mis en délibération, il fut arrêté que M. le commandant seroit prié de vouloir révoquer la défense qu'il avoit faite à cet imprimeur, au cas qu'il se fût vraiment opposé à l'impression de la lettre; afin que l'arrêté de l'assemblée patriotique eût son exécution, & MM. de Chancel le jeune, Fadeuilhe, Gauthier, la Fond, Birabin & Wyatt, furent chargés de faire connoître le vœu de l'assemblée à M. le commandant.

(1) Cette pièce est sous la cote N.

Ces députés ayant rendu compte, par leur procès-verbal, que M. le commandant désapprouvoit l'assemblée, qu'il la considéroit illégale, n'étant composée que de personnes dont la majeure partie n'avoit pas de propriété terrienne dans l'isle,

Ce rapport porta la consternation dans le cœur de quelques membres, réveilla l'enthousiasme dans celui des autres, & j'avoue que M. le président eut besoin de toute sa prudence pour ramener le calme & la tranquillité.

L'assemblée, d'après une motion de son vice-président, arrêta que tous ceux qui la composoient prêteroit *le serment* d'être *fidèles à la nation, au roi & à la loi*, & que celui qui abandonneroit l'assemblée seroit indigne de porter le nom françois: elle arrêta aussi que MM. de Chancel le jeune, Gauthier & Fadeuilhe, seroient chargés de rédiger d'itératives représentations pour être présentées à M. le commandant.

Les président, vice-président & secrétaire ayant prêté le serment, la feuille fut remise à M. de Chancel le jeune, un des membres de l'assemblée, pour recueillir les signatures de ceux qui prêteroient le serment civique. Occupé à ce travail, M. de Chancel l'interrompit, pour prévenir l'assemblée, qu'un jeune homme en habit bourgeois, qu'il avoit reconnu pour être un militaire, se présentoit pour prêter le serment civique & en signer la feuille, demanda si la demande de ce militaire devoit être reçue.

L'assemblée arrêta que les militaires étant des hommes & François devoient être admis à prêter le serment civique.

M. de Chanchel le jeune, ayant fait lecture des itératives représentations adressées à M. le commandant, l'assemblée nomma MM. Fadeuilhe, Gauthier, Birabin & le Chevalier Duclos, pour les lui présenter.

L'assemblée s'ajourna au lendemain huit heures du matin.

CINQUIEME SÉANCE.

Le lendemain 27 octobre, m'étant rendu à l'assemblée, je fus instruit que les soldats de la garnison avoient arboré le pavillon national sur ma maison; un instant après, plusieurs militaires se présentèrent à l'assemblée patriotique, pour prêter le serment civique. D'après l'arrêté pris dans l'assemblée la veille, je reçus, en présence de M. le président & plusieurs autres membres, leur serment: je me portois d'autant mieux à cette démarche, qu'en refusant le serment de ces militaires, sous le prétexe que M. de Jobal désapprouvoit l'assemblée, c'eût été exposer ce commandant à la fureur des soldats, qui, animés par des sentimens patriotiques, n'eussent pas manqués, dans le premier effet de leur enthousiasme, de rendre ce commandant victime de ses inconséquences. Qui l'eût dit, qu'une conduite aussi prudente dût produire les armes dont se serviroient les officiers du second bataillon de la Guadeloupe, en garnison à Tabago, l'ancien comité colonial, & le sieur Dangleberme, mes accusateurs & mes juges, pour m'enlever mon honneur, mes biens, & pour m'expatrier, au milieu des sauvages, à la Trinité Espagnole, où M. le commandant de Tabago eut la barbarie de me faire reléguer, pour m'ôter les moyens de faire parvenir mes doléances à l'assemblée nationale?

Rien n'est cependant plus vrai; & parmi toutes les preuves fournies à mes juges, je n'aurois besoin que des dépositions prises contre moi, à la cour criminelle de Tabago, le 13 novembre 1789, & du jugement prononcé le 16 du même mois, pour démontrer que huit juges ont eu la ridicule & atroce frénésie de rendre une condamnation flétrissante contre moi, parce que j'avois suivi les principes de vingt-cinq millions de mes concitoyens.

Le sieur Fadeuilhe étant entré à l'assemblée, fit une sortie des plus vives contre la démarche des patriotes, sur la réception du serment civique des militaires ; *je m'opposai à cette motion* : mais M. le président après avoir pris l'avis de l'assemblée, déchira les feuilles sur lesquelles le serment & les signatures se trouvoient inscrits.

M. le président observa alors que des gens mal-intentionnés ne cessoient de rendre notre conduite suspecte à MM. les administrateurs ; qu'il convenoit, pour leur prouver la pureté de nos intentions, de délibérer sur les droits de l'assemblée, afin de leur en donner communication. Cette motion ayant été mise en délibération, il fut arrêté unanimement que l'assemblée patriotique de Tabago n'avoit aucuns pouvoirs exécutifs ni législatifs ; que ses prétentions se bornoient à la seule voie de représentation ; & MM. les députés élus pour présenter les itératives représentations, furent nommés pour faire connoître le vœu de l'assemblée à MM. les administrateurs.

Les députés, de retour, remirent à l'assemblée leur procès-verbal (1), qui constatoit l'accueil agréable qu'ils avoient reçus de MM. les administrateurs ; & un instant après la lecture de leur rapport, il arriva à l'assemblée une lettre conçue en ces termes (2) : « Messieurs, je ne saurois trop

(1) Cette pièce est sous la cote O.

(2) Cette pièce se trouve à la liasse, n°. 1. *Voyez* les notes de la page

» vous témoigner mon contentement sur la manière
» patriotique & honnête avec laquelle vous avez
» terminé votre assemblée, pour vous joindre à
» celle générale de l'isle : j'approuve avec le plus
» grand plaisir tout ce que vous désirez, & vous
» prie, messieurs, d'en recevoir mes sincères
» remercîmens ; & pour preuve de ma satisfaction,
» j'invite M. Grelier à se rapprocher de moi,
» & l'engage de nouveau à concourir à la réunion
» générale que MM. les administrateurs se sont
» empressés d'offrir à tous les citoyens du gouver-
» nement. Recevez, messieurs, les assurances du
» sincère attachement avec lequel j'ai l'honneur
» d'être, Messieurs, votre très-humble & très-
» obéissant serviteur. *Signé* le chevalier de
» JOBAL ».

Sur la lecture de cette lettre, l'assemblée arrêta que ses président & vice-président se retiroient vers MM. les administrateurs, pour leur témoigner la vive reconnoissance de l'assemblée.

La séance fut ajournée à quatre heures après midi.

SEPTIÈME ET DERNIÈRE SÉANCE.

M. le président fit part à l'assemblée de l'accueil honnête qu'ils avoient reçus des administrateurs, & l'on nomma des députés, pour qu'il plût à M. le commandant de leur désigner l'heure & l'endroit où l'assemblée générale de la colonie devoit tenir sa séance.

Ces députés rendirent compte que l'assemblée générale des habitans auroit lieu le lendemain, dix heures du matin, à l'hôtel du gouvernement, & l'assemblée patriotique termina ses séances, & s'ajourna pour lesdits lieu & heure.

PREMIÈRE ET DERNIÈRE SÉANCE DE L'ASSEMBLÉE GÉNÉRALE ET PATRIOTIQUE DES HABITANS DE TABAGO,

Tenue à l'hôtel du gouvernement de ladite isle, le 28 octobre 1789.

L'assemblée patriotique de la ville du Port-Louis de Tabago, à laquelle s'étoient réunis tous les citoyens de la colonie, d'après l'invitation de ladite assemblée & la convocation de Messieurs les administrateurs, ayant pris séance en l'hôtel du gouvernement, avec lesdits administrateurs de Tabago, M. le commandant prononça un discours, à la suite duquel M. l'ordonnateur fit lecture du sien (1).

M. Grelier, président de l'assemblée patriotique, prononça aussi un discours, à la suite duquel il dit:

---

(1) Ce discours, contenu à la liasse, n°. 2, sous la cote A, ne sera point imprimé, pour éviter les frais.

« Messieurs, l'assemblée patriotique du Port-
» Louis, que j'ai l'honneur de présider encore,
» n'ayant jamais eu pour but que le bien général
» & particulier, vous fait, avec le plus grand plai-
» sir, le sacrifice de son existence, & de tout ce
» qu'elle a fait, en vous manifestant son empresse-
» ment de se réunir, avec tous les citoyens, pour
» ne former qu'un seul & même corps, & en vous
» donnant, par cette marque de confiance, des
» preuves de son amour pour la paix; elle juge à
» propos de vous faire connoître, par la lecture
» de son arrêté du jour d'hier, quelle a été la
» base de sa conduite, & les motifs qui l'ont di-
» rigée ».

M. le président fit ensuite la lecture de cet arrêté, après lequel l'assemblée générale témoigna authentiquement son approbation à l'assemblée patriotique; & M. Robley, l'un des membres de l'assemblée coloniale de Tabago, dit qu'il étoit glorieux, pour l'assemblée patriotique du Port-Louis, d'avoir pris pour base des principes aussi sages, & qu'il proposoit de sanctionner les opérations de l'assemblée patriotique; ce qui fut arrêté par acclamation.

M. le commandant proposa à l'assemblée de choisir un comité composé de 14 personnes, y compris un président & le vice-président; toutes les voix parurent alors se réunir en faveur de M. Grelier, qui représenta que ses occupations pourroient l'empêcher de s'acquitter des obligations de cette place ; qu'étant le premier officier d'administration après M. l'ordonnateur, il pouvoit, par des cas imprévus, être obligé de le remplacer. La pluralité l'ayant choisi, malgré ses représentations, il demanda une seconde fois qu'on passât au scrutin.

Chaque membre, de rechef, inscrivit son nom sur une feuille de papier, & sur la même ligne le nom de celui qu'il désignoit.

Cetre opération achevée, l'assemblée nomma, pour la vérification des voix, MM. de Chancel le jeune, Lindzai, Fadeuilhe, & Brusse, qui présentèrent à l'assemblée le recensement suivant.

RECENSEMENT.

	voix.	
Pour M. Grelier,	57	
Pour M. Dangleberme,	51	
Pour M. Robley,	47	
Pour M. Petrie,	34	*Dans lesquelles*
Pour M. Wilson,	9	*s'y trouvoient celles*
Pour M. Maurville,	4	*des officiers de*
Pour M. Bellew,	2	*la garnison, qui*
Pour M. Chancel le jeune,	1	*avoient tous signés*
Pour M. de Saint-Léger,	1	*pour lui.*

Ce

Ce recensement ayant été lu & certifié par les quatre commissaires, l'assemblée proclama, pour son président, M. Grelier.

M. Fadeuilhe proposa que le membre qui avoit le plus de voix après le président, fût élu vice-président, ce qui fut arrêté ; alors M. Dangleberme, qui avoit cinquante-une voix, fut proclamé.

M. Robley demanda que ceux qui avoient eu des voix pour la présidence, fussent nommés membres du comité.

M. Grelier ayant lu les noms des différentes personnes qui avoient eu des voix, l'assemblée proclama MM. Robley, Pétrie, Wilson, Maurville, Bellew, Chancel & Saint-Léger. Mais le nombre des élus n'étant que de neuf, au lieu de quatorze, l'assemblée alloit s'occuper du choix des cinq autres, lorsqu'elle fut interrompue par une scène orageuse.

MM. Dangleberme, Thibeaux, Delisle, Favaux & Ringlet sautèrent au cou de MM. la Coste, Jourdain, le baron de Witerspach, & deux autres officiers du deuxième bataillon du régiment de la Guadeloupe, en garnison à Tabago, en leur disant : permettez-vous que Grelier soit président ? Ces officiers crient, au milieu de l'assemblée, qu'ils ne veulent pas que M. Grelier soit président : l'assemblée répond unanimement qu'il le sera ; & au même instant entre M. de Roger, capitaine, commandant le deuxième bataillon, qui, s'approchant de M. de Jobal, lui observa que M. Grelier n'ayant point de possession dans la colonie, & étant officier d'administration, n'avoit pu être agréé par l'assemblée. M. de Jobal fit faire silence; & s'adressant à l'assemblée, prononça ces mots : reconnoissez-vous M. Grelier pour votre président? Il s'éleva une voix unanime qui proclama de nouveau M. Grelier président de l'assemblée.

M. Roger s'étant retiré, on entendit une rumeur à la porte de l'assemblée. M. de Jobal sortit, & quelques momens après, M. l'ordonnateur le suivit, & fut accompagné d'un si grand nombre de personnes, que l'assemblée fut interrompue.

Je me permettrai ici d'interrompre la narration des faits passés à cette séance, pour instruire l'assemblée nationale de ce qui se passa hors l'assemblée générale & patriotique de Tabago.

Les officiers de la troupe, rangés en bataille sur la place d'armes, refusèrent de faire prêter à leurs soldats le serment civique, en présence du président de l'assemblée générale; il y eut beaucoup de mouvemens dans la troupe; mais M. de Jobal, se servant du prétexte de cette explosion, feignit d'être forcé par les circonstances, ET FIT PRÊTER LE

SERMENT AUX OFFICIERS ET AUX SOLDATS, EN PRÉSENCE DES MEMBRES DE L'ANCIEN COMITÉ de l'assemblée ministérielle DE TABAGO. Après *cette opération, l'on revint à l'assemblée, où M. le commandant annonça* QUE LA TROUPE AVOIT PRÊTÉ LE SERMENT EN PRÉSENCE DE MM. LES MEMBRES DE L'ANCIEN COMITÉ INTERMÉDIAIRE DE L'ASSEMBLÉE COLONIALE DE TABAGO.

M. le président ayant demandé à M. Dangleberme s'il acceptoit la place de vice-président, & celui-ci l'ayant refusée, l'assemblée décida que M. Robley étant celui qui avoit eu le plus de voix, après M. Dangleberme, pour être président, devoit être substitué à la place de M. Dangleberme.

M. Robley prit séance en cette qualité, & l'assemblée procéda ensuite à la nomination des six autres députés, & MM. Fadeuilhe, Paterson, Thomas Currie, Irvine, docteur Campbell & Stewart furent élus à la majorité des voix, & prirent séance.

Ensuite le comité élut pour son secrétaire M. le Borgne, & ledit comité s'ajourna au 3 novembre suivant (1).

(1) Ces faits peuvent être prouvés dans leurs moindres détails, par les personnes qui se trouvoient à Tabago,

Le 29 octobre 1789, le *Te Deum* fut chanté au gouvernement ; après lequel, l'on se rendit à des tables que MM. les administrateurs avoient fait préparer. Il sera aisé de se persuader que la troupe n'assista pas au banquet ; mais ce qui est hors de toute croyance, c'est que l'on eût choisi ce même moment, où la joie devoit être générale, pour exécuter un perfide complot contre tous les citoyens françois ; c'est ce qui arriva le soir, au sortir des tables, & à l'ouverture du bal.

Les François enthousiasmés, ne cessoient de crier vive la nation, vive l'assemblée nationale, vive le roi, vive les administrateurs.

Je sors du gouvernement, & passant devant la troupe, M. de Beuze, brave officier, qui la commandoit, vient à moi, & me dit : M. Bosque, faites retirer les citoyens, ils sont en danger ; l'on bat la générale.

Je me multiplie par-tout ; je les supplie de se retirer, ce qu'ils font. J'entre dans la salle du bal ; M. de Jobal vient à moi, m'embrasse, me témoigne combien il est satisfait de ce que j'ai eu le courage de travailler au bien général ; qu'il avouoit avoir été trompé sur mon compte. Je lui

---

& qui sont actuellement à Paris ; leurs noms sont à la suite de ce mémoire.

répond laconiquement, que la suite le convaincroit mieux de mes vues, & je me retirai. Mais à peine avois-je fait deux pas en arrière, que le sieur Fontallard, assisté de plusieurs autres personnes, m'assaillissent, me frappent ; je lève ma canne pour me défendre : plusieurs bons citoyens viennent me dégager, & je suis assez heureux pour m'esquiver. Pendant la durée de la fête, on ne voyoit que des sabres nuds voltigeant sur les têtes des citoyens ; mais ces braves soldats n'exécutèrent pas les ordres qu'ils avoient vraisemblablement reçus.

Je passerai sous silence tout ce qui se passa depuis cette époque jusqu'au 2 novembre, ayant tout ce temps resté chez moi, d'après des informations que j'avois eues, qu'on avoit gagné des soldats pour m'assassiner ; & même j'en ai vu, pendant plusieurs nuits, trois ou quatre devant ma porte, qui n'en sortoient que le matin.

Ce jour, M. Grelier m'avertit que M. le commandant me conseilloit de partir de la colonie, parce que mes jours étoient en danger.

J'envoyai le sieur Blondel, mon clerc, chez M. le commandant, pour lui demander si vraiment il étoit instruit que l'on en vouloit à ma vie : M. de Jobal répond que celle de MM. Grelier & Guys est aussi menacée, & qu'il ne pouvoit répondre du bataillon ; ne voulant être la cause d'aucun trouble dans la colonie, je l'envoyai de nouveau vers M. le commandant, pour avoir un congé, qu'il lui délivra (1).

Dès l'instant que j'eus le congé, j'engageai le sieur Pacaud, navigateur, de me donner passage pour la Martinique, & je m'embarquai sur son bateau le 2 novembre 1789, à dix heures du soir ; MM. Grelier & Guys ayant engagé le sieur Pacaud d'attendre jusqu'au lendemain, afin qu'ils pussent profiter de cette occasion pour partir de la colonie, nous ne mîmes à la voile que le 3 du même mois, à dix heures du matin ; & nous arborâmes pavillon national.... A peine avions-nous franchi la rade du Port-Louis de Tabago, que nous apperçûmes UNE GOELETTE ANGLOISE SOUS SON PAVILLON, AVEC PLUSIEURS SOLDATS A BORD, QUI NOUS DONNOIT CHASSE. *Nous dirigeâmes alors notre route sur la Trinité Espagnole, ne sachant pas ce que cette goëlette nous vouloit, & ayant tout à craindre du parti aristocratique, qui avoit pris le dessus par ses cabales : la goëlette, meilleure voilière que nous, ne tarda pas à nous atteindre* ; ELLE

(1) Ce congé est à la liasse n°. 2, sous la cote B.

ASSURE SON PAVILLON PAR UN COUP DE MOUSQUET. DES ANGLOIS, SABRE A LA MAIN, SAUTENT A L'ABORDAGE, NOUS CONSTITUENT PRISONNIERS, ET NOUS CONDUISENT A LA BAYE DE SANDI-POINT DE TABAGO (1).

MM. Grelier & Guys defcendent à terre. Seul je refte à bord jufqu'au foir, où M. le commandant envoya ordre de m'amener à la ville du Port-Louis. Je fuis conduit par huit foldats & le fieur de Witerfpach, officier : à l'entrée de la ville, cinquante ou foixante foldats fe joignent aux huit qui formoient mon efcorte; le prévôt Marshal me fit lecture d'un warant, décerné fur les dépofitions de quelques foldats, prifes PAR LEURS OFFICIERS, *dans lequel je fuis accufé*, 1°. D'AVOIR DIT A UN SOLDAT QU'IL POUVOIT ALLER BOIRE OU IL VOUDROIT; 2°. QUE J'AVOIS DIT AVOIR LA COMPAGNIE DE M. CORDELIER

(1) Cette goëlette angloife fe nomme l'Alcey-Bridger, de la Grenade, capitaine William Bonnett. Parmi ceux qui montèrent à bord (fabre à la main) de la goëlette où nous étions, je reconnus le capitaine Palmer, commandant un bâtiment, à l'adreffe du fieur M'kachan, négociant à Tabago.

A MES ORDRES (1); 3°. D'AVOIR REÇU, COMME SECRÉTAIRE DE L'ASSEMBLÉE PATRIOTIQUE, LE SERMENT DE PLUSIEURS SOLDATS (2). Après cette lecture, je suis conduit en prison, où, couché sur le plancher, l'on me met aux pieds une barre de fer de cent livres pesant.

Ce fut donc sur des dépositions des soldats que je fus arrêté. Ces dépositions, comparées avec celles qui furent reçues par le comité colonial, & par deux juges de paix, ne présenteront qu'un tableau d'horreurs & de contradictions. Heureusement ces pièces, revêtues de toute l'authenticité nécessaire, sont en ma possession ; c'est le ciel qui m'a protégé, j'ose le dire ; & vous en serez convaincus, Messieurs, lorsque vous saurez toutes les peines que j'ai eues, & les périls que j'ai courus avant de me rendre à la capitale.

Que l'on me permette ici d'expliquer les motifs qui donnèrent lieu aux persécutions contre moi. L'on se souvient qu'ayant été celui qui paroissoit avoir convoqué la nouvelle assemblée, laquelle, par la sanction des représentans du pouvoir exécu-

---

(1) Cette compagnie étoit une des cinq qui composoient la garnison de Tabago.

(2) Il m'a été impossible, malgré les demandes que j'en ai faites, d'avoir une expédition de ce warant.

tif, ſe trouvoit la ſeule légale à Tabago, l'ancienne aſſemblée devenoit alors inactive.

Les membres de l'ancien comité de cette aſſemblée miniſtérielle ne virent pas avec plaiſir l'anéantiſſement de leurs pouvoirs. Le ſerment de la garniſon, prêté en leur préſence, & la réunion des officiers avec eux, leur firent projetter, n'oſant m'aſſaſſiner ouvertement, de le faire ſous le manteau de la loi. Dès l'inſtant, l'intrigue, la cabale, tous les moyens les plus iniques ſont mis en uſage. Je ſuis repréſenté aux ſoldats & aux habitans comme un ſcélérat qui a voulu envahir toutes les propriétés terriennes : l'on me prête les prétentions les plus abſurdes, les plus ridicules ; & peu s'en eſt fallu qu'ils n'aient allégué que je voulois métamorphoſer la colonie de Tabago en une monarchie, pour me faire couronner.

Les premiers qui paroiſſent ſur l'arêne, comme mes accuſateurs, ſont MM. Gilbert Pétrie, Thomas Wilſon, William Smith, Thomas Currie, Nathaniel Steward & Robert Paterſon, tous membres de l'ancien comité colonial.

M. Gilbert Pétrie ayant convoqué le comité le 3 novembre, d'après le vœu unanime de ſes collègues, « obſerve que l'objet le plus eſſentiel de » la ſéance étoit de prendre en conſidération des » rapports d'une nature très-alarmante, relativement

» à la sûreté de la colonie, sur les moyens les plus » efficaces pour la conservation de la paix & la » sûreté de l'isle, d'après ce qui seroit mis sous » les yeux du comité, & requiert que, si quelqu'un pouvoit donner des informatious concernant le danger dont il a couru le bruit que la » colonie est menacée, il les communique au » comité ».

Après la requisition de M. Pétrie, M. Danglebermé fait à ce comité la dénonciation la plus fausse & la plus criminelle, dans laquelle il enveloppe les personnes dont il s'est déclaré l'ennemi. Voici ses termes : « Ma motion a tendu à mettre » sous les yeux du comité les justes motifs de » crainte du danger où toute l'isle a été, par une » assemblée illégale & illicite, convoquée par un » certain Bosque, Grelier, Guys de Saint-Hélène, » & Pierre-Joseph le Borgne ».

Je prouve que cette première accusation est fausse. C'est moi seul, & je m'en honore, qui ai convoqué l'assemblée, d'après le vœu de mes concitoyens. Mais pour servir entièrement les projets de M. de Jobal[1], il falloit qu'il supposât des crimes à ceux qui avoient les plus justes plaintes à porter contre ce commandant. Le sieur Dangleberme, visant à des emplois lucratifs, se ménageoit encore, par ce moyen, le comité & MM. les officiers.

Au soutien de ma motion, poursuit le sieur Dangleberme, « j'ai remis sur le bureau nombre » des dépositions des différens soldats en garnison » en cette isle (1), ayant été prié par MM. les » officiers, de faire la présente motion en leurs » noms, & comme ayant été la cause légitime » du refus qu'eux & leur troupes ont fait de » prêter le serment entre les mains du sieur Grelier, » nommé tumultueusement, & sans approbation » du plus grand nombre de citoyens ».

M. Dangleberme n'est pas plus vrai dans cette assertion, contre M. Grelier, que dans sa première contre moi; M. Grelier a été nommé, pendant trois fois, par la majorité des suffrages de l'assemblée générale, composée de tous les habitans de Tabago. Assez de personnes, qui se trouvoient à la séance où M. Grelier fut élu président, sont actuellement à Paris, & pourront attester combien cette accusation est fausse, absurde & inique.

---

(1) Ces dépositions étant extrajudiciaires, ainsi que celles qui furent reçues par les juges de paix, je ne les ferai point imprimer : mes juges sont instamment suppliés de vouloir les comparer avec celles qui furent prises à la cour criminelle. Ces dépositions sont à la liasse n°. 2.

Qu'avoue néanmoins M. Dangleberme, dans ce chef d'accuſation? Que les officiers militaires ſe ſont rendus coupables envers les officiers municipaux choiſis par les citoyens; que ces officiers ont déſobéi à leur commandant, & que la haine contre les patriotes leur a ſuggéré de capter des dépoſitions de leurs ſoldats, afin que ces ſoldats, ayant déjà dépoſé devant eux, par la crainte du châtiment, ne puſſent enſuite ſe dédire de leur témoignage : mais la vérité eſt une; elle ne peut ſe cacher; ces témoins, captés ou intimidés, n'ont pu ſoutenir leurs rôles devant les juges, lorſqu'ils m'ont été confrontés, malgré que les officiers fuſſent préſens à leurs dépoſitions.

Je ne me permettrai pas de ſuivre la motion de M. Dangleberme dans tous les chefs d'accuſations qui me ſont indirects; j'obſerverai néanmoins que par-tout elle offre des fauſſetés & des contradictions ridicules.

« M. Dangleberme m'accuſe auſſi d'avoir ſecondé » une motion tendante à faire venir M. le com» mandant devant l'aſſemblée, pour y rendre » compte des motifs qui l'avoient porté à inſulter » un députe de notre aſſemblée ».

Les opinions ſont libres, & j'euſſe pu ſeconder cette motion ſans être coupable; j'avois voix délibérative à l'aſſemblée; il m'étoit donc permis de donner mon avis : si les opinions eussent été enchaînées, ce n'auroit été qu'une assemblée d'esclaves. L'accusation est encore fausse ; jamais il n'y a eu une pareille motion de faite à l'assemblée ; pas un témoin qui en dépose, pas même le sieur Fadeuilhe, qui ne laisse aucun doute dans sa déclaration, qu'il ne fût venu pour espionner ce qui se disoit & se faisoit à l'assemblée.

Le dernier chef d'accusation du sieur Dangleberme est aussi contradictoire & aussi faux que les autres. « Il accuse le sieur Pacaud d'avoir voulu » assassiner le sieur Fadeuilhe, le jour que celui-ci » fit la motion de ne point recevoir le serment » civique des militaires », & ce jour étoit LE MATIN DU 27 OCTOBRE 1789.

Le sieur Fadeuilhe, qui est l'homme cité par le sieur Dangleberme, dépose *que lui*, *Fadeuilhe, ayant fait une motion tendante à déclarer l'assemblée illégale, elle fut opposée par moi, & que mon opposition fut si bien soutenue de la plus grande partie de l'assemblée, qu'une voix quasi générale s'éleva pour le mettre dehors, & que le nommé Pacaud se jetta sur lui, & n'auroit pas manqué de le mutiler, sans qu'il s'en doutât, si le sieur Bouteille n'eût empêché le sieur Pacaud; mais enfin que tout s'appaisa, & l'on fut aux voix.* Mais le jour qu'il fut délibéré sur la légalité de l'aſſemblée, ÉTOIT LE 25 OCTOBRE 1789 APRÈS MIDI. Voici le fait : le ſieur Fadeuilhe nioit la légalité de l'aſſemblée ; le ſieur Pacaud opinoit pour le contraire ; les eſprits s'échauffent ; le ſieur Pacaud, près du ſieur Fadeuilhe, joint des menaces à ces argumens ; le préſident ramène tout à l'ordre, & l'on eſt tranquille.

ICI M. DANGLEBERME PRIE LE COMITÉ MINISTÉRIEL, AU NOM DE MM. LES OFFICIERS ET AU SIEN, DE STATUER CE QU'IL APPARTIENDROIT, SUR SA DÉPOSITION ET CELLE DES SOLDATS. Mais quel droit avoit M. Dangleberne de provoquer l'inſtruction de mon procès ? quel droit avoient les officiers de recevoir des dépoſitions contre moi ? & quel droit enfin avoient MM. de l'ancien comité miniſtériel de l'inſtruire ? Aucun, aſſurément.

Le juge de paix, d'après une ou pluſieurs dépoſitions faites devant lui ſous ſerment, a le droit, ſuivant les loix angloiſes, de provoquer l'intervention du procureur du roi, pour la vindicte publique ; alors celui-ci demande, ſi le cas le requiert, la proclamation d'une cour criminelle.

Quoique le ſieur Dangleberme fût juge de paix, il n'en prit point la qualité dans ſa dénonciation, & n'a agi que comme l'agent des officiers, qui l'avoient chargé de me dénoncer à MM. du comité, ſur des dépoſitions priſes dans l'ombre du myſtère; mais le comité n'avoit pas plus de droit d'informer que mes premiers accuſateurs. L'aſſemblée miniſtérielle de Tabago, de qui le comité tient ſes pouvoirs, n'a que le droit, d'après l'ordonnance du 21 octobre 1787, qui la conſtitue, d'aſſeoir, de recouvrer & répartir l'impoſition de la colonie de Tabago, ſous le mode qu'elle jugera convenable, d'après la fixation qui en eſt déjà faite par ſa majeſté.

Après la dénonciation de M. Dangleberme, le comité reçoit *des déclarations ſignées des perſonnes, & il eſt ordonné de les dépoſer.*

C'eſt ſur des dépoſitions de cette nature, que ce comité demande à M. le commandant, ſous le prétexte que la colonie couroit des dangers, que la garde fût doublée; & c'eſt ſur cette demande que M. le commandant, qui paroiſſoit avoir donné lieu à mon départ de la colonie, pour me ſauver des fureurs de la cabale, ſe porte à donner des ordres contre moi.

Voilà donc ce que vouloit M. de Jobal; voilà ce que tramoient les officiers & les membres de l'ancien comité de l'aſſemblée miniſtérielle de Tabago, depuis le 28 octobre juſqu'au 3 novembre; voilà donc enfin la conduite de ce commandant qui ſe dévoile: tantôt ſanctionner l'aſſemblée patriotriotique, & la désaprouver; tantôt jouer le citoyen, & conduire tout avec perfidie. C'eſt au moment que la colonie paroît une, où les têtes calmées annoncent la paix, que les officiers de la garniſon refuſent d'obéir à leur commandant; c'eſt ainſi que, paroiſſant céder à la force, il conſent que les troupes prêtent le ſerment entre les mains de ceux qui ſont intéreſſés au maintien de l'ancienne conſtitution; il ne borne pas là ſes cruels deſſeins; les fêtes ſont l'appât trompeur préparé à d'honnêtes citoyens, qui, s'ils n'ont pas été immolés à la fureur ariſtocratique, ne doivent leur vie, j'oſe le dire, qu'aux ſoldats de la garniſon.

Les cartouches diſtribuées, la générale battue, les ſabres ſuſpendus ſur la tête des François, tout n'annonçoit-il pas des ordres inhumains?

Le zèle patriotique & l'honnêteté des ſoldats ne ſecondèrent pas la baſſeſſe des forcenés qui les excitoient.

Quelques ames viles ſont plus faciles à corrompre ou à intimider, qu'une garniſon.

Le 3 novembre eſt le jour qu'ils croienr pouvoir exécuter leurs complots; & c'eſt ce jour que M. le commandant ſigne une lettre de recommandation (1), qu'il joint à un congé qu'il m'a déja

(1) *Tabago, le 3 novembre* 1789. Monſieur & ami, le ſieur Boſque, porteur de la préſente, a porté le zèle

délivré

délivré (1) ; & c'eſt ce même jour que, ſecondant la requiſition du comité miniſtériel, il lui fait réponſe : *que lorſqu'il lui ſera de pareilles demandes, il ſera obéi à la minute* (2) ; & c'eſt ce jour qu'il donne ordre à un bâtiment anglois de nous arrêter. Celui-ci, aſſuré de l'impunité, ne reſpecte ni le pavillon national, ni le droit des nations, arbore ſon pavillon, l'aſſure par un coup de feu, & les forcenés Anglois qui s'y trouvent, ſautent à l'abordage, ſabre à la main, & ſe mettent en poſture d'aſſaſſiner des hommes qui n'ont, pour toute défenſe, qu'un courage vertueux, ſoutenu par leur patriotiſme.

---

patriotique à l'excès dans cette colonie, il pourroit bien lui en réſulter des inconvéniens ; & comme notre but eſt de faire tout oublier par la douceur de notre conduite, nous l'avons engagé à ſortir de l'iſle. Nous vous prions de lui procurer une place à Sainte-Lucie ; & ſi vous ne pouvez le faire, nous vous prions de le recommander à la Martinique ou à la Guadeloupe. Nous ſommes, avec les ſentimens que nous vous avons voués dès long-temps, Monſieur & ancien ami, vos très-humbles & très-obéiſſans ſerviteurs. *Signés* le chevalier de Jobal, & Roume de Saint-Laurent.

A M. Lequoi de Montgiraud, à Sainte-Lucie.

(1) Voyez la liaſſe n°. 2., ſous la cote B.

(2) Voyez l'extrait des minutes du comité de l'aſſemblée miniſtérielle de Tabago, ſous la cote C, à la liaſſe n°. 2.

Après toutes ces opérations, les membres du comité se ravisent ; ils voient qu'ils ont agi illégalement ; mais munis des déclarations qu'ils ont captées, ils se croient sûrs de l'exécution de leurs projets ; ils s'adressent à deux juges de paix, qui sont MM. Irvine & Saint-Léger, & deviennent mes accusateurs auprès de ces deux magistrats, qui, s'étant rendus au comité ministériel, commencèrent l'instruction de mon procès.

Le 4 novembre 1789, je fus conduit devant le comité ; & là, le sieur Irvine me demanda si je n'avois rien à dire pour ma décharge : lui ayant répondu que mon accusation me paroissoit si frivole, qu'il étoit inutile de faire de réponse, je fus conduit de nouveau en prison. Cette fois-ci mes fers me sont ôtés ; mais trois sentinelles & six fantassins, sabre à la main, un sergent & un officier à leur tête, font la garde d'honneur que j'ai à toutes les visites, qui se font d'heures à autres dans ma prison.

Les sieurs Irvine & Saint-Léger trouvèrent, d'après les déclarations de différens particuliers, & dépositions, qu'il y avoit un chef d'accusation suffisant pour décerner contre moi un décret de prise-de-corps, comme accusé de mépris contre la personne du roi & du gouvernement (1).

(1) Cette pièce se trouve sous la cote D.

Les autres ſéances de ce comité ne vous préſentent qu'un tableau effrayant contre MM. Grelier & Guys ; ils captent des déclarations des ſoldats, les envoyent à MM. Irvine, de Saint-Léger & Chancel. Ces magiſtrats font venir devant eux les témoins déſignés, & leurs dépoſitions leur paroiſſent ſi contraires à leurs déclarations, que ces magiſtrats, guidés par leurs devoirs, malgré les vives réclamations du comité, ne peuvent décerner contre ces citoyens aucuns décrets.

J'obſerve que ces déclarations & dépoſitions préſentent néanmoins une contradiction ſi évidente, que je ne puis me diſpenſer de ſupplier mes juges de vouloir bien en faire la comparaiſon avec celles qui furent faites à la cour criminelle, lorſque ces témoins ne furent confrontés.

J'obſerve auſſi que les déclarations reçues par le comité, ſont extrajudiciaires, que les dénonciations en forme de dépoſitions, faites contre moi devant les deux juges de paix, ne peuvent ſervir ni à ma charge ni à ma décharge.

Les dépoſitions ſous ſerment, reçues par des juges de paix en Angleterre, ne donnent lieu qu'à décerner un warant ou décret de priſe-de-corps contre un accuſé, à moins qu'un des témoins ne vînt à décéder avant la tenue de la cour ; alors cette dépoſition eſt lue, & les juges y ont égard ou non : mais si ces cas ne se rencontrent pas, il n'y a que les dépositions faites devant la cour criminelle angloise, où se trouvent les jureurs & l'accusé, auxquelles on défère.

Le 5 novembre, M. de Jobal proclama une cour criminelle pour le 12 du même mois (1). Voilà encore des fruits du patriotisme de ce commandant. Il est témoin des trames des ennemis de la constitution ; il me sait en prison, puisqu'il a donné ordre de m'arrêter ; il sait que mes accusateurs vont devenir mes juges, & il favorise l'exécution de leurs perfidies : il est donc plus coupable que ceux qui s'appuient de son autorité.

Le 12 du même mois, la cour criminelle prit séance (2) ; & de qui fut-elle composée ? Vous frémirez, Messieurs, quand vous saurez que ce même comité, qui m'avoit dénoncé à deux juges de paix, qui avoit provoqué avec tant d'ardeur l'instruction de mon procès, qui avoit capté des dépositions ; que le sieur Smith, un d'entr'eux, se trouve, à la fois, mon accusateur, prévôt-maréchal, & par conséquent l'être qui choisit les grands & petits jureurs ; ce comité, dis-je, fut le même qui osa se présenter pour me juger.

---

(1) Cette pièce se trouve sous la cote E.

(2) Voyez la pièce cotée F.

A l'exception de MM. Roume de Saint-Laurent & Irvine, tous étoient mes ennemis ou mes dénonciateurs.

J'ose dire mes ennemis; car l'on verra, par les dépositions qui furent reçues par cette cour, le sieur Fagan, un des juges, récuser un témoin après qu'il a été entendu, parce que ce témoin venoit de déposer la vérité.

M. de Saint-Laurent, qui avoit été instruit, par la clameur publique, que le parti de mes ennemis étoit décidé à me faire pendre; qu'il avoit été même dit par les officiers, que si je ne l'étois pas, ils sauroit se rendre justice; que les jours de cet administrateur étoient aussi menacés; M. de Saint-Laurent eut assez de courage, en leur donnant des louanges que la force nécessitoit, de prononcer un discours, où il leur représente « la honte » de laquelle ils vont se couvrir, en jugeant, » d'après les loix angloises, des accusations qui » ne pouvoient être considérées que comme une » des choses indispensables à la régénération de » la France; de leur dire qu'il ne leur apparte- » noit pas de s'ériger en juges d'un fait exécuté par vingt-cinq millions de François (1) ».

(1) Cette pièce se trouve à la liasse n°. 2, sous la cote A. Voyez la note de la page

Tout cela ne peut arrêter leurs fureurs ; ils en veulent à mon honneur & à ma vie.

Les grands jureurs donnent leur verdick, dans lequel je suis accusé, 1°. « d'avoir affoibli le » gouvernement de sa majesté, & porté atteinte » à la discipline militaire, en disant au soldat » Garrot que les soldats devoient aller boire où » ils voudroient ».

« 2°. D'avoir dit à plusieurs pesonnes que j'avois » à mes ordres la compagnie de Cordellier ».

« 3°. Que le 27 octobre, dans une assemblée » illégale, j'avois reçu le serment de plusieurs sol- » dats (1) ».

Je réponds en deux mots au premier chef d'accusation, que, quand même j'eusse dit à des soldats qu'ils pouvoient aller boire où ils voudroient, sans autre autorité que la mienne, je ne leur donnois aucuns pouvoirs de le faire ; qu'indépendamment de cette raison, peu m'importoit que les soldats fussent boire à la cantine du régiment ou ailleurs, puisque n'étant ni marchand de vin, ni agent de ces marchands, je devois considérer l'objet comme m'étant tout-à-fait indifférent ; fait pour lequel on ne pouvoir me supposer un crime, puisqu'il ne

(1) Voyez la pièce sous la cote G.

présente aucuns desseins prémédités, & qui n'est qu'un allégué mis en avant, au hasard.

Comment vingt-quatre grands jureurs, sur une délation aussi peu fondée, ont-ils pu m'accuser d'avoir voulu affoiblir le gouvernement de sa majesté? C'étoit d'après les loix angloises qu'ils devoient porter leur verdick, puisqu'ils ne vouloient prendre aucune part à la nouvelle constitution françoise. Examinons donc quel est le cas, selon les loix angloises, où l'on peut établir ce chef d'accusation. « Si l'on écrit contr'eux, dit la loi, en » parlant des souverains, si on les maudit, si on » leur souhaite du mal, si on rapporte des histoires » scandaleuses, auxquelles ils sont intéressés, & » qui peuvent tendre à affoiblir le zèle des sujets, » nuire au gouvernement, ou exciter contre » le souverain la jalousie & la méfiance de ses » peuples ».

Voilà les cas, suivant la loi angloise, où l'on peut être accusé de ce crime. Mais un des ces cas existe-t-il, en disant à un soldat que la troupe pouvoit boire où elle voudroit?

Je ne pouvois donc, sous le prononcé de la loi, être accusé de ce crime; & le grand juré se permet ce prononcé, & ose avancer que j'ai voulu méchamment & calomnieusement affoiblir le gouvernement de sa majesté. O esprit de parti ! ô indignité !

Le deuxième chef d'accusation porte que j'avois dit avoir la compagnie de Cordellier à mes ordres.

Pourquoi eussai-je dit avoir cette compagnie à mes ordres ? Par quels motifs ? Expliquez-vous, jureurs. Vous voulez que je l'aie dit ; hé bien ! quel mal y auroit-il ? Que supposez-vous de cette phrase qui ne renferme aucuns sens ? Que j'ai excité des séditions, du trouble. Si je l'ai fait, c'est, sans doute, un crime ; mais alors il y aura eu entre les soldats & moi quelques complots nuisibles à la tranquillité publique. « D'ailleurs, la garnison de Tabago étoit composée de cinq compagnies, dont » quatre étoient au fort Castries. Cette forteresse » domine la ville du Port-Louis, à une portée de » mousquet, & la compagnie de Cordellier étoit » casernée en ville. Or, comment y auroit-il pu » avoir un complot avec une compagnie isolée, » laquelle, composée d'environ cent hommes, en » avoit quatre cents à combattre, qui, par l'avantage de leurs positions, en valoient dix mille ? » Peut-être ai-je voulu, suivant ces dépositions, » gagner toute la garnison ; mais alors, il y aura » eu de l'argent distribué, des armes données ou » promises, des munitions, un signal pour former » le ralliement, au moment & à l'instant que l'exé-

» cution du complot devoit produire ſon effet ». Non, rien de tout cela, ſerez-vous obligés de dire : les déclarations qu'on nous a remiſes ne parlent que vaguement de la compagnie de Cordellier, & ne donnent pas même à préſumer qu'il y eût aucuns deſſeins de formés avec cette compagnie. Hé quoi ! vous vous permettez, ſur des dépoſitions auſſi dénuées de vraiſſemblance, d'en former un chef d'accuſation au criminel ! vous, grands jureurs ! vous, les gardiens de l'honneur du citoyen, vous oſez le compromettre ſi légèrement ! Quelles réflexions votre conduite ne fait-elle pas naître ! Ou vous êtes gagnés par les membres du comité miniſtériel, ou vous êtes effrayés des propos menaçans qui ſe tiennent depuis mon empriſonnement : c'eſt l'un ou l'autre de ces cas.

Le troiſième chef d'accuſation porte, que le 27 octobre, dans une aſſemblée illégale, j'avois reçu le ferment de pluſieurs ſoldats.

Je réponds que notre aſſemblée étoit ſanctionnée par les adminiſtrateurs de Tabago, & conſtituée en aſſemblée patriotique. Mais, qu'à ſuppoſer qu'elle n'eût pas été légale, alors la ſanction que vous & tous les habitans de la colonie, donnâtes avec les repréſentans du pouvoir exécutif, le 28 octobre 1789, à toutes ſes opérations, lui donnoit toute la légalité requiſe. Or, en m'accuſant, ne vous comprenez-vous pas dans cette accusation, puisque vous avez sanctionné en entier ce qu'elle avoit fait ? D'ailleurs, j'étois secrétaire de cette assemblée, & ce n'étoit que d'après son arrêté que j'avois reçu le serment civique des soldats qui se présentoient pour le prêter : instrument des volontés de l'assemblée, je m'en glorifie.

C'est donc là mon plus grand crime, c'est celui qui est prouvé, c'est celui que j'avoue; c'est enfin le titre le plus cher à mes vœux, que d'avoir exécuté, comme secrétaire, les volontés d'une assemblée de bon patriotes françois.

Le 13 du même mois de novembre, je suis conduit devant mes accusateurs & mes juges; il m'est fait lecture des accusations contre moi, ensuite on nomme des petits jureurs, & les témoins sont entendus.

Le sieur Faveaux Ringlet, premier témoin, *dit que j'ai déclaré avoir, quand je voudrois, la compagnie de Cordellier à mes ordres, mais qu'il ne sait pas pourquoi; qu'il protesta contre la légalité de notre assemblée, à moins qu'elle ne fût sanctionnée par MM. les administrateurs.*

J'observe, sur la déposition de ce témoin, que ce fut un de ceux qui protestèrent contre l'assemblée; mais quelle foi la cour pouvoit-elle ajouter à la déposition d'un témoin qui déclare avoir protesté contre l'assemblée patriotique de Tabago, & qui par conséquent s'étoit déclaré ouvertement l'ennemi de tou ceux qui la composoient ? Que dit ce témoin ? Que j'ai déclaré avoir la compagnie de Cordellier à mes ordres. Cette déposition est aussi isolée que le deuxième chef d'accusation contre moi ; point d'assertion, pas un mot qui conduise à savoir pourquoi j'avois cette compagnie à mes ordres.

Le sieur Dufresnois, deuxième témoin, *dépose du même fait que le précédent.* Ce témoin est encore un des cinq qui protestèrent contre la légalité de notre assemblée ; il sera donc inutile de rien ajouter à la réfutation précédente.

Le sieur Thèbe, troisième témoin, *dépose du même fait, & ajoute que je lui avois dit que les soldats de la compagnie de Cordellier auroient arboré des cocardes sans la permission du commandant, & que je leur avoit déjà donné des rubans pour en faire.* Ce témoin dit en outre *qu'il seconda une motion contre la légalité de notre assemblée, à moins qu'elle ne fût sanctionnée par les administrateurs.*

Voilà donc mon crime, suivant ce témoin ; c'est d'avoir donné des rubans pour faire des cocardes nationales à des soldats : ce témoin avoue aussi qu'il désapprouvoit l'assemblée, à moins qu'elle ne fût sanctionnée par les administrateurs. L'assemblée patriote a cependant été approuvée par les signatures du commandant & de l'ordonnateur; néanmoins le sieur Thèbe ne s'y est plus montré. Comment ce témoin peut-il avancer une pareille assertion, sans démontrer que des vues d'intérêts l'obligeoient à se déclarer mon ennemi, pour faire sa cour à mes juges ?

Le sieur Bertrand Fadeuilhe, quatrième témoin, dit : « qu'étant venu à l'assemblée patriotique, il » y trouva des soldats qui signèrent un serment » en présence du président, du vice-président & » du secrétaire; que ce serment portoit d'être » fidèle à la nation, au roi & à la loi; qu'il » attendit que les soldats fussent sortis avant » de faire sa motion, tendante à empêcher ce » serment, & que je m'opposai à cette motion; » mais que M. Grelier, président, donna son » opinion, & ordonna que le papier sur lequel » les soldats & les autres avoient souscrits, » fût déchiré; ce qui fut approuvé ».

Immédiatement après cette déposition, le sieur Fadeuilhe en fait une tout-à-fait contraire, *& il observe que les soldats ont signé sous ma direction, sans la connoissance du président & du vice-président. Il dit aussi qu'il désapprouva l'assemblée, &c. & que tous ceux qui avoient été présens à la séance précédente furent obligés de* *signer le serment, soit qu'ils le voulussent ou non.*

Les contradictions qui se trouvent dans cette déposition suffiroient pour prouver que le sieur Fadeuilhe est un faussaire; mais pour plus grande preuve, je supplie mes juges d'examiner la déclaration du sieur Fadeuilhe, devant les membres de l'ancien comité ministériel de Tabago; on y verra ce même témoin dire que M. de Chancel le jeune, ayant été chargé de faire signer le serment civique par tous ceux qui composoient l'assemblée, *un militaire s'étant présenté pour le signer*, M. Chancel demanda s'il falloit recevoir sa signature, & QU'IL S'ÉLEVA ALORS UN CRI GÉNÉRAL, OUI. On verra aussi ce même témoin dire, dans cette déclaration, qu'après son opposition sur la réception du serment civique, *M. le président, M. Chancel & M. Guys dirent que les soldats étoient des citoyens.* Or, d'après sa première déclaration, c'est d'après le vœu de mes concitoyens que j'ai reçu le serment des soldats, puisqu'étant le secrétaire de l'assemblée patriotique, j'étois obligé de suivre ses ordres.

Le commencement de sa déposition à la cour criminelle avoue que *ce fût en présence des président & vice-président que j'avois reçu le serment des soldats*; mais, étant placé directement à leurs côtés, pouvois-je recevoir ce serment sans qu'ils en eussent connoissance ? Et ce même témoin ose dire, quelques instans après, *que je reçus ce serment sans la connoissance des président & vice-président*.

Est-ce les juges qui ont mal entendu ? Est-ce le faux témoin qui a manqué de mémoire ? L'alternative est facile à décider.

Cette déposition dit aussi « que je me suis opposé à ce que l'on déchirât le serment (1) ». Assurément je m'y opposai, parce que les minutes de notre assemblée devoient toujours rester IN STATU QUO, afin de prouver la légitimité de nos opérations. Aussi, lorsque je fus jugé à cette cour inique, JE NE CESSOIS DE DEMANDER LES MINUTES DE NOTRE ASSEMBLÉE, POUR PROUVER LA CONDUITE DES PATRIOTES A TABAGO ; MAIS LES JUGES S'OPPOSÈRENT A MA DEMANDE (2).

Le sieur Fadeuilhe dit aussi « qu'il fit plusieurs

---

(1) Examinez la première déclaration, vous verrez que ce fut le sieur Fadeuilhe qui demanda que la feuille du serment fût déchirée.

(2) Ce fait peut être prouvé par plusieurs témoins qui se trouvoient à cette cour, & qui sont actuellement à Paris.

» motions tendantes à déclarer l'assemblée illé-
» gale, &c. &c. &c. »

Les mêmes moyens déduits contre les témoins précédens, se présentent contre le sieur Fadeuilhe.

Le sieur Fadeuilhe dépose, & c'est l'unique témoin qui parle de ce fait, « que l'on força » ceux qui étoient à l'assemblée de signer le ser- » ment »; & c'est ce même Fadeuilhe, qui, le 3 novembre, en parlant de l'admission du serment des militaires ou non à l'assemblée, a dit « QU'IL » S'ÉLEVA UN CRI GÉNÉRAL, OUI ». D'ailleurs, le sieur Fadeuilhe, ou ceux qui avoient été, suivant lui, forcés de prêter le serment, pourquoi n'ont-ils pas été faire leurs déclarations au greffe public de l'isle de Tabago? A coup sûr, le sieur Fadeuilhe, qui est homme de loi, n'eût pas manqué cette occasion pour seconder les maximes des ennemis de la constitution. Quoi! le soir, le sieur Fadeuilhe est forcé de prêter un serment, & le lendemain, suivant sa déposition, il se permet de venir désapprouver toutes les opérations de l'assemblée! On l'écoute, & sa demande est allouée. Quelles contradictions! N'est-ce pas ici le lieu de lui dire qu'un faux témoin doit avoir bonne mémoire?

La déposition du sieur Garnaud, cinquième

témoin, ne sera point réfutée, d'autant qu'elle m'est indirecte.

Le sixième témoin, c'est le sieur Perrein, cantinier de la troupe à Tabago, qui, s'il eût été vrai que j'eusse dit aux soldats d'aller boire où ils voudroient, n'auroit pas manqué, étant animé par des sentimens de vengeance, de me charger; & c'est cet homme que les juges reçoivent en témoignage contre moi. Hommes abominables! rien ne vous arrête: vous voulez venir à votre but; vous n'y parviendrez cependant pas: ce témoin est honnête; l'inimitié du commandant, la menace des officiers, vos sollicitations même, ne lui feront rien dire contre la vérité; & sa déposition, écrite par un de mes accusateurs, mon ennemi & mon juge, quoique affoiblie sur deux faits qui sont avantageux aux François de Tabago, sera une de celle qui vous fera rougir de honte, s'il est possible que vous en soyiez susceptibles! Oui, voilà votre condamnation; lisez.

TRADUCTION D'UNE DES DÉPOSITIONS EN ANGLOIS, PRISES LE 3 NOVEMBRE 1789, PAR LE SIEUR WILSON, UN DES JUGES.

» Sixième témoin, Pierre Perrein, cantinier » de la troupe, déclare que le 23 octobre 1789, » il se trouva à l'assemblée patriotique; qu'il a » signé un papier sur lequel étoient plusieurs signatures,

» figuatures ; qu'il répugnoit beaucoup à cela, la pre» mière fois, comme il ne voyoit pas le nom de » M. Dangleberme ou quelqu'autre qu'il regardoit » comme les principaux de la ville ; que M. Bosque, » le prisonnier, étoit là, & dit, en qualité de » secrétaire de l'assemblée, que la deuxième fois » qu'il se trouva à cette assemblée, une motion » fut faite si elle étoit légale ou illégale, & qu'elle » fut déclarée légale par quarante-sept voix contre » vingt-sept ; qu'il y a paru un soldat qui portoit » une veste blanche, qui se présenta pour signer » le serment, & que M. Chancel le jeune se leva, » & demanda si on devoit permettre à cet homme » de signer le serment ou non : on y consentit, » & il fut permis au soldat de signer le serment. » Qu'en addition à ce serment, autant que le » déposant peut se rappeller, les anciennes loix » doivent être observées jusqu'après l'assemblée de » toute l'isle, qui devoit être convoquée le jeudi » suivant ; & que ceux qui manqueroient, rece» vroient une punition corporelle par leur déso» béissance ; que le serment fut dressé par le » président, le vice-président, & le prisonnier, » comme secrétaire, & étoit d'être fidèle à la » nation, au roi, à la loi & à l'assemblée patriotique, » & que ceux qui abandonneroient ladite assemblée » patriotique, seroient regardés comme des pol-

» trons. Le déposant fut rencontré par M. la Coste, » officier du régiment de la Guadeloupe, qui lui » demanda s'il étoit encore résolu de se tenir au » serment qu'il avoit pris dans cette assemblée de » poltrons, auquel il répondit: certainement; mais » s'il y avoit des poltrons dans l'assemblée, ils » doivent être punis, & que lui & les autres » membres honnêtes doivent être distingués. Le » déposant fut interrogé s'il n'avoit pas dit à M. la » Coste qu'il seroit fâcheux qu'on le tuât; à quoi » il a répondu que c'étoit la première fois qu'il » entendoit un pareil discours ».

Sur le dernier chef de cette déposition, M. de Chancel, procureur-général, requit que M. la Coste fût mandé à la barre; mais le sieur la Coste, qui se trouvoit présent, ayant fait signe qu'il ne se soucioit pas d'être entendu, on ne fit plus mention de lui.

Voici le fait. Le sieur la Coste avoit dit, dans toute la ville du Port-Louis, que ce témoin l'ayant rencontré, le regarda avec compassion, & lui dit que ce seroit bien dommage qu'un si bel homme fût tué. Ce témoin, interrogé sur ce fait, dit qu'il n'a jamais entendu un pareil propos. L'homme du roi veut connoître les motifs qui ont animé les auteurs d'un complot aussi affreux qu'abominable; mais les juges refusent tacitement d'avoir égard à la requisition du ministère public.

Un seul mot suffit pour conduire à la conviction du crime, & une accusation de cette importance est ensevelie sous le silence. Quelles peines des juges aussi prévaricateurs ne doivent-ils pas subir ? Oseront-ils lever les yeux devant ceux qu'ils appellent leurs concitoyens, après avoir outragé l'innocence & la cause publique, qu'ils étoient obligés de venger ? Et ces pervers osent encore s'assembler comme représentans de la colonie de Tabago !

Augustes députés de l'empire françois, n'écoutez pas ces imposteurs : élus au mois de janvier 1788, ils ont été anéantis le 28 octobre 1789, par les suffrages de toute la colonie de Tabago, d'après la sanction des représentans du pouvoir exécutif. Mais de bons citoyens ne savent employer la force que lorsqu'il est question de venger la cause générale de l'empire ; ils ont mieux aimé voir usurper leurs droits, que d'occasionner des troubles. A cette raison se joint celle que plusieurs de ceux qui composent le comité constitutionnel de l'assemblée générale de Tabago de 1789, avoient été élus, au mois de janvier 1788, membres du comité de l'assemblée ministérielle de cette colonie ; leur intérêt étoit de maintenir cette assemblée sous l'ancien régime, qui les dispensoient de rendre des comptes à leurs concitoyens ; comptes qu'ils étoient obligés de fournir à certaines époques, par le mode adopté à l'assemblée générale des habitans, en 1789, qui seule pouvoit sanctionner les opérations de son comité ou les désaprouver.

J'observe encore que, dans la déposition reçue par le sieur Wilson, que je viens de rapporter, IL EST DIT QUE LE SIEUR PERREIN A DÉCLARÉ QUE LES ANCIENNES LOIX DEVOIENT ÊTRE OBSERVÉES JUSQUAPRÈS L'ASSEMBLÉE DE TOUTE L'ISLE, ET QUE CEUX QUI Y MANQUEROIENT, SUBIROIENT UNE PUNITITION CORPORELLE. Mais le sieur Wilson ne parle pas de l'établissement des quatre commissaires pour la police intérieure de l'assemblée; néanmoins les dépositions reçues par M. Roume de Saint-Laurent, président, & certifiées par M. de Chancel, procureur-général, les sieurs Irvine, Pierre-Antoine Dufaur & Edmond Saint-Léger, juges de paix en cette cour, portent que ce témoin dit *que l'on suivroit les loix établies dans l'isle, jusqu'à ce que la France en donnât d'autres, & que ceux qui y manqueroient seroient punis par l'assemblée générale de la colonie, & que l'on ne manqueroit ni aux chefs, ni à personne. Que la légalité de cette assemblée fut prononcée par une majorité de quarante-sept voix contre vingt-trois; que M. Chancel le cadet proposa d'établir quatre commissaires, pour empêcher que la liberté ne se changeât en licence, & loin d'y avoir eu de mauvais projets, le président avoit recommandé de rejetter toutes les motions contraires au bien public.*

Pourquoi donc M. Wilson a-t-il affoibli cette déposition & commis cette réticence ? Intéressés à me trouver des crimes, il falloit bien transgresser les dépositions pour me rendre coupable. Cela seul doit faire connoître l'esprit de parti qui dominoit mes juges.

Le nommé Garrot, septième témoin : « Bosque » lui a dit qu'il n'y auroit point de cantine, » & que les soldats pouvoient aller boire où ils » voudroient. Bosque lui a dit avoir fait signer » d'autres soldats au même effet. Bosque lui a dit » qu'il se préparoit à donner un dîner à la com- » pagnie de M. Cordelier, pour avoir mis un » pavillon à sa porte. Bosque n'a proposé ni à » lui, ni à d'autres, à sa connoissance, de venir » à l'assemblée. Le déposant ayant été une fois » à l'assemblée, on ne lui proposa point de signer » le serment ».

Quel est donc mon crime, suivant ce témoin? *D'avoir dit que les soldats n'auroient plus de cantine, & pourroient boire où ils voudroient.* Le soldat, qui n'a que cinq sols par jour, doit-il nourrir son officier qui en a trente? C'est cependant ce que présente la cantine à Tabago : depuis très-long-temps, les gouverneurs des colonies ont été chargés de connoître les causes d'une mortalité désastreuse aux isles du vent sur les militaires.

Les gouverneurs ont porté par-tout leur vigilance, & par-tout leurs remedes n'ont été qu'un palliatif infructueux, parce que leurs recherches ne se sont jamais arrêtées sur un établissement que les officiers étoient intéressés à conserver.

Le cantinier à Tabago, pour avoir le droit exclusif de vendre aux soldats, est obligé de nourrir les officiers à un prix infiniment au-dessous de son déboursé. Cet homme, pour réparer la perte qu'il fait sur la nourriture des officiers, au lieu de vendre du bon vin ou de la bonne eau-de-vie, il y substitue de l'eau & autres drogues qui tuent les soldats, ceux-ci vont à l'hôpital, ils y meurent. Mais l'officier est nourri, qu'importe ?

Hé bien! supposons que ce témoin a dit vrai, qu'en résulte-t-il ? Que je présumois qu'un établissement aussi abominable seroit aboli.

Je suis forcé, pour ne laisser aucune ambiguité sur cette déposition, de rapporter une conversation que j'eus avec des soldats de la compagnie de Cordelier, au sujet du dîner. Ces soldats avoient arboré un pavillon national à ma porte, comme étant celui qui avoit donné le premier, à Tabago, des preuves de patriotisme.

« Je suis infiniment flatté, Messieurs, leur
» dis-je, des marques d'attachement que vous
» me donnez, & je le serois encore plus, si je
» vois tous les braves militaires & mes conci-
» toyens ne faire qu'un même corps de frères, le
» jour de la fête projettée par MM. les adminis-
» trateurs. J'oserois même vous prier, avant la
» réjouissance générale, de me permettre de donner
» à dîner à votre compagnie ». Ces soldats s'écrièrent que ce dîner paroîtroit n'être qu'une récompense servile ; que s'ils avoient arboré au-devant de ma maison le pavillon national, ce n'étoit qu'une juste rétribution qui m'étoit acquise depuis bien long-temps, par ma persévérance à faire le bien, & à me sacrifier pour mes concitoyens.

Voilà donc mes crimes : c'est celui d'avoir dit vaguement à un soldat qu'il falloit espérer qu'il n'y auroit plus de cantine ; & de vouloir régaler de bons militaires qui m'avoient donné des marques de leur attachement.

Potrinot, huitième témoin : *il a mis sa marque ordinaire au bas d'un papier, où on lui disoit qu'il s'agissoit d'*ÊTRE FIDÈLE A LA NATION, AU ROI ET A LA LOI : *le lendemain, voyant que c'étoit une bevue, il en rendit compte à son capitaine. On ne lui a point parlé d'être fidèle à l'assemblée.*

Oui, j'ai reçu le serment civique de plusieurs militaires, devant l'assemblée patriotique de la ville du Port-Louis de Tabago, de son vœu & en présence de ses président & vice-président ; si c'est un crime, tous les François de Tabago sont coupables, puisque c'est leur volonté que j'ai exécutée en leur présence ; si c'est un crime, toutes les provinces de l'empire françois l'ont commis, en se fédérant avec les troupes de ligne ; la capitale, l'assemblée nationale même, qui a décrété la fédération, n'en sont pas exempts. L'on dira que cette fédération de Tabago précédoit de plusieurs mois le décret de l'assemblée nationale. Hé bien ! dignes représentans de notre nation, votre décret sur les droits de l'homme, les circonstances locales, la position de la colonie, les faux principes du commandant, des officiers de la garnison & des membres de l'ancien comité ministériel, tous ennemis de la constitution ; le peu de François existans à Tabago, l'inaction du ministre de la marine à envoyer vos decrets ; tout cela, dis-je, ne demandoit-il pas une union des plus intimes entre tous ceux qui étoient François, ou qui en avoient le cœur, afin que vos décrets eussent leur entière exécution. Malheureusement l'intrigue & l'esprit despotique ont renversé les projets les plus prudens, les mieux conçus : j'ai été la première victime du ressentiment des ennemis du bien public. Que de maux ces pervers ne se sont-ils pas préparés ! Ceux qui pouvoient, par leur sagesse, ramener le calme dans la colonie, au lieu de recevoir des éloges justement mérités, ont été forcés d'abandonner leurs foyers, après avoir souffert les persécutions les plus cruelles. Que s'en est-il suivi ? Après leur départ de la colonie, insubordination des troupes, incendies, châtimens de tous genres ; voilà la première punition qu'ils ont subi, & qui a vengé les patriotes innocens qu'ils ont immolés à leurs fureurs.

Depuis le neuvième témoin jusqu'au quatorzième inclusivement, pas un qui dépose autre chose, sinon *qu'ils ont prêté le serment à la nation, au roi & à la loi, à l'assemblée patriotique, entre mes mains, & en présence des président, vice-président & des autres membres.*

Morin, le onzième témoin, qui avoit déposé devant les officiers & les juges de paix : « Que c'étoit moi, Pacaud & Tourtier qui l'avoient engagé à venir à l'assemblée » ; déclare devant la cour criminelle, lorsqu'il me fut confronté : « Qu'il n'avoit jamais eu de communication avec moi, avant la prestation du serment. »

Beauvais, le douzième témoin, dit, dans sa déposition devant les officiers & juges de paix : « Qu'il avoit été sollicité par moi à prêter le serment, & n'en parle pas, lorsqu'il m'est confronté ».

Deveaux, le treizième témoin, « en avoit dit autant devant les officiers & juges de paix, & n'en dit pas un mot à la confrontation ».

D'après ces contradictions, sera-t-il possible de ne pas s'appercevoir que tous ces témoins ont été gagnés ou intimidés par leurs officiers, & qu'ils n'ont pas eu assez de courage pour persister dans de fausses dépositions qu'on leur avoit arrachées?

M. le baron de Widerspach, un de mes accusateurs & le quinzième témoin entendu contre moi, « dépose que le soldat Garot lâcha des propos chez M. Thibeaux, entr'autres que les soldats de la compagnie de M. Cordelier se proposoient de demander leur liberté le jour de la fête ».

Sur cette déposition, le nommé Garot, qui avoit déjà été entendu, reparoît & dépose, « que ce que vient de dire M. Widerspach est vrai; *mais que ce n'est point à mon instigation, que c'étoit d'après ce qu'ils avoient ouï dire de ce qui s'étoit passé en France* ».

Damelet, dix-septième témoin, dépose « que je lui ai dit qu'ils seroient libres d'aller où ils voudroient, sans lui parler de boire; *qu'il signa un papier entre mes mains, où il promettoit d'être fidèle à la nation, au roi & à la loi, de ne point abandonner leurs drapeaux ni le roi ; & qu'il fût invité par des bourgeois* ».

Le commencement de cette déposition est faux, & offre une contradiction avec la suite. Comment aurois-je pu dire vaguement à ce soldat : vous pouvez aller où vous voudrez, & ensuite lui faire promettre, sous serment, de ne pas abandonner ses drapeaux ni le roi, & d'être fidèle à la nation, au roi & à la loi ?

Disons donc que le commencement de cette déposition avoit été dicté par mes ennemis ; mais que ce soldat me voyant à côté de lui, & retenu par l'aspect d'un auditoire nombreux, n'a pu faire autrement que de finir par dire la vérité, en laissant des doutes sur le principe de cette déposition qui ne renfermoit aucun sens.

Chap, tailleur au Port-Louis, le dix-huitième témoin, dit « que je lui proposai de faire une souscription, à l'effet de donner des rubans pour faire » des cocardes, & une fête à la troupe ; que mon » intention étoit de régaler la compagnie de Cordelier la première, & qu'il y auroit bonne intelli» gence entre les bourgeois & le militaire ; que je » chargeois ledit témoin de faire un drapeau natio» nal ; que le serment de l'assemblée patriotique » étoit de contenir le bon ordre dans l'assemblée, » le bien public, & que celui qui y manqueroit,

» seroit indigne d'être François ; que la cocarde » seroit présentée à messieurs les chefs ; qu'on de» voit inviter les habitans, mais que le comman» dant défendit d'imprimer les invitations ; que » l'assemblée patriotique devoit adresser des remer» cîmens à l'assemblée nationale, & une bourse » pour les veuves & les orphelins ; que les habitans » devoient être invités au dîner ; qu'il y avoit eu » des imprimés envoyés à ce sujet, & que l'on se » proposoit d'offrir des cocardes aux chefs & aux » officiers ».

C'est donc là mes crimes & ceux des patriotes de Tabago. Mais continuons la déposition de ce témoin.

M. Pétrie, l'un de mes persécuteurs, lui demanda s'il avoit été question de nommer des commissaires dans l'assemblée : *Oui, répond-il, quatre pour la police de l'assemblée.*

La cour entend ce témoin, présenté par le procureur-général, sans aucune objection. Le sieur Pétrie l'interroge ; & après sa déposition, croiriez-vous, Messieurs, que le sieur Fagan, un de ces juges abominables, se permet de le récuser, sans donner aucunes raisons valables, & de prier les petits jureurs de n'avoir aucun égard à cette déposition ? Le sieur Wilson a si bien reconnu l'insuffisance de cette récusation, que dans les dépositions qu'il reçut en qualité de juge à cette cour, il n'en fit aucune mention. Néanmoins le petit juré suivit les ordres de la cour.

Ici M. le commandant, qui avoit paru se déclarer mon protecteur & celui des patriotes, envoie un billet au sieur Fagan, dans lequel il me dénonce, comme ayant mis à prix la tête de M. de Chancel. Mais aucuns témoins n'ayant déposé de ce fait, le billet est enseveli sous le silence. Quoi! une dénonciation aussi grave n'est pas approfondie! Vous, mes persécuteurs, qui vouliez me trouver des crimes, vous n'osez les rechercher, lorsque des indices se présentent! Mais M. de Jobal eût été la victime de cette fausseté; il auroit été reconnu, & l'on étoit intéressé à cacher de pareils méfaits. M. le procureur-général de Tabago a rendu compte de cette accusation au ministre.

Les dix-neuf & vingtième témoins *déposent avoir prêté serment à l'assemblée patriotique, & entre mes mains*, A LA NATION, AU ROI ET A LA LOI.

Beaulieu, soldat au même bataillon, le vingt-unième témoin, dit qu'étant en présence de M. Smith, Bosque lui dit: vous voyez ce que nous venons de faire pour vous, vous ferez la même chose pour nous.

Le sieur Smith, vingt-deuxième témoin, un de mes accusateurs, prévôt-maréchal, dépose que je dis à Beaulieu : vous ſavez ce que nous venons de faire pour vous, j'eſpère que, dans *l'occaſion*, *vous ne nous manquerez pas.*

Quelle différence de dépoſition de celui à qui j'ai parlé, à celui qui étoit préſent à l'aſſertion ! L'un dit la vérité, l'autre l'altère. Mais que préſente la dépoſition de Beaulieu ? Que les François ayant conſidéré les ſoldats comme des frères, ils eſpéroient que cette fraternité ſeroit réciproque (1).

Tourtier, le ſeptième témoin, entendu contre MM. Grelier & Guys, dépoſa le 14 novembre, à la cour criminelle, « qu'il avoit dîné chez moi ; » que je lui avois fait lecture d'un écrit ſur les Caraïbes ; que, quelques jours après, je lui lus la » gazette de Sainte-Lucie, en lui faiſant valoir la » généroſité des habitans de cette iſle, & lui pro- » poſai de ſigner une ſouſcription en faveur des » veuves & des orphelins de ceux qui avoient été » tués en France ; qu'il copia deux lettres d'invi- » tations pour engager le public à s'aſſembler ; » mais que ne les ayant pas trouvées bien écrites, » je les déchirai ; qu'il fut une fois à l'aſſemblée » patriotique ; qu'il y vit une grande cohue de bour- » geois & de militaires ; que mon commis lui pré- » ſenta un papier pour ſigner, & qu'il s'y refuſa ;

(1) Voyez les pièces ſous les cotes H.

» qu'étant un ſoir chez moi, je lui propoſai de faire » prendre la cocarde à la compagnie de Corde- » lier, & qu'excepté la propoſition de prendre la » cocarde, je ne lui avois jamais rien dit qui fût » mal (1) ».

---

(1) Voyez la pièce cotée G, ſous la liaſſe n°. 2. Examinez auſſi les dépoſitions reçues par les officiers & juges de paix, contre moi; vous verrez que cet homme a parlé, dans ces deux dépoſitions priſes dans le ſecret, tout autrement que dans celle faite publiquement. Ce Tourtier fut accuſé, par ſes officiers, d'avoir rogné de l'argent monnoyé. Que l'accuſation ſoit vraie ou fauſſe, je n'entreprendrai pas de l'éclaircir: mais ce qu'il eſt à propos que mes juges ſachent, c'eſt que ce ſergent paſſa aux verges; toutes les fois qu'il ſuccomboit, les officiers lui demandoient s'il ne ſavoit rien contre moi, & lorſqu'il répondoit que non, on le faiſoit paſſer de nouveau ſous les verges; enfin, réduit aux abois, les officiers ordonnèrent de le porter à l'hôpital, & que, quand il ſeroit rétabli, il paſſeroit une ſeconde fois aux verges; ce qu'on n'exécuta pas, à la ſollicitation du commandant.

Le nommé Audinet, ſoldat dans la même compagnie, ayant travaillé comme copiſte chez moi, fut interrogé par ſes officiers. Sur ce qu'il dit ne m'avoir jamais rien vu faire ni dire de mal, qu'on le mette en priſon, repliquent les officiers, & que toutes les heures on lui donne cinquante coups de cordes, juſqu'à ce qu'il diſe ce

Le ſieur Wayatt, premier témoin entendu à ma requiſition, dépoſe beaucoup de faits avantageux à tous les bons patriotes de Tabago, & en outre dit que j'ai fait pluſieurs motions, tendantes au maintien de la paix & du bon ordre, & qu'il n'a jamais rien vu qui ne fût décent & honnête dans ma conduite.

Le ſieur Lafond, deuxième témoin, fait la même dépoſition.

Le ſieur Blanchard, troiſième témoin, après différentes choſes honorables pour tous ceux qui compoſoient l'aſſemblée patriotique, dit qu'il n'a jamais entendu dire que leur intention fût de s'arroger quelqu'autorité légiſlative, ni de changer les loix exiſtantes dans la colonie.

Le ſieur Sauveur, quatrième témoin, dépoſe des mêmes faits (1).

Avant de réſumer ces dépoſitions, il n'eſt pas inutile d'obſerver qu'après que ces quatre témoins

---

qu'il ſait. Ce propos fut tenu par M. Widerſpach ; mais Audinet en fut quitte pour la priſon. S'il étoit poſſible de faire procéder à une enquête dans un endroit où les ſoldats du ſecond bataillon de la Guadeloupe, qui ſe trouvoient alors en garniſon à Tabago, fuſſent libres de dire la vérité, l'on découvriroit des horreurs dont les penſées ſeules font frémir.

(1) Voyez la pièce ſous la cote H, à la même liaſſe.

furent

furent ouïs, j'offris d'en faire entendre encore plus de cinquante; mais l'on me répondit que c'étoit inutile: je demandai alors avec véhémence les minutes de notre assemblée; les juges dirent ouvertement qu'ils n'en avoient que faire; & je n'ai jamais su depuis ce qu'elles étoient devenues.

J'observe aussi que les petits jureurs s'avancèrent pour faire des représentations; mais M. Pétrie, prenant un air sévère, leur dit : jurés, votre charge est de rapporter seulement si le prisonnier est coupable des faits dont il est accusé, ou non.

C'est à la cour à prononcer sur le reste. Pourquoi M. Pétrie donna-t-il cette charge aux jurés? Parce que les accusations n'étant pas fondées, les petits jureurs auroient rapporté qu'ils ne pouvoient trouver des crimes dans des accusations aussi spécieuses, & dont celui qui m'étoit reproché faisoit ma plus grande gloire. Aussi le petit juré, obligé de n'entrer dans aucune explication, fut obligé de rapporter que j'étois coupable des faits dont on m'accusoit : & quels étoient ces faits? Résumons les dépositions en tout ce qui n'est point vague, qui se trouve déterminé, & qui par conséquent est prouvé par ces témoins.

Il sera constaté, 1°. QUE J'AI DONNÉ DES RUBANS POUR FAIRE DES COCARDES NATIONALES A DES SOLDATS; encore ce témoin, qui est l'unique (le sieur Thèbe), ne l'est point DE VISU ;

2°. *Que j'ai reçu le serment de plusieurs soldats à l'assemblée patriotique de la ville du Port-Louis de Tabago, en présence des président, vice-président, & plusieurs autres membres, d'après le vœu de mes concitoyens ;* QUE CE SERMENT PORTOIT D'ÊTRE FIDÈLE A LA NATION, AU ROI ET A LA LOI ; & Damelet, dix-septième témoin, dit QUE JE LUI AI RECOMMANDÉ DE NE PAS ABANDONNER SES DRAPEAUX NI LE ROI ;

3°. *Que j'ai voulu donner un dîner à la compagnie de Cordelier, pour avoir mis le pavillon national à ma porte ;*

4°. QUE J'AVOIS OUVERT UNE SOUSCRIPTION A L'EFFET DE FAIRE FAIRE DES COCARDES ET UN DRAPEAU NATIONAL, D'EN PRÉSENTER A TOUS LES CHEFS DES CORPS, *de donner une fête dans la colonie*, DE FAIRE UNE BOURSE POUR ÊTRE RÉPARTIE ENTRE LES VEUVES ET LES ORPHELINS DE LA CAPITALE, DONT LES PÈRES ET LES MARIS AVOIENT PERDU LA VIE A LA JOURNÉE MÉMORABLE DU 14 JUILLET ;

5°. D'AVOIR VOULU MAINTENIR LE BON ORDRE ET LA PAIX ;

6°. D'INVITER TOUS LES HABITANS A CONCOURIR A CETTE ŒUVRE MÉRITOIRE.

Voilà les crimes prouvés par ces dépositions.

Examinons maintenant quelle a été la récompense d'une conduite aussi louable. C'est ici l'endroit où le cœur du lecteur va se serrer, où son ame va frémir d'indignation contre mes oppresseurs. Armez-vous de courage ; je vous en supplie ; donnez-moi encore quelques-uns de vos instans ; mon honneur l'exige, & j'ose dire celui de mes concitoyens, de qui j'ai suivi les principes.

Le 16 novembre 1789, cette cour osa prononcer un jugement, *par lequel elle me condamne à six mois d'emprisonnement, & d'être exposé, à la fin des six mois, depuis midi jusqu'à une heure, au carcan, à moins, dit le jugement, qu'après avoir gardé prison pendant six semaines, je fasse ma soumission sous serment, devant deux juges de paix, que je consens à partir de l'isle, pour n'y revenir jamais* (1).

François ! eussiez-vous jamais pu présumer qu'un pareil traitement dût être la récompense de mon patriotisme ? C'est cependant ce qui se trouve consigné dans les minutes d'une cour souveraine. C'est

(1) Cette pièce se trouve sous la cote L, à la liasse n°. 2.

le comble de l'aveuglement, de l'ineptie, d'une frénésie inouie ; mais ce crime, dont l'histoire de tous les peuples ne peut fournir d'exemples, existe dans des registres à Tabago.

Jamais l'Anglois n'eût commis une pareille atrocité ; il est trop ami de la liberté : il étoit réservé à quelques Ecossois ; & à Dieu ne plaise que je comprenne dans mes accusations tous ceux qui existent à Tabogo ; je suis persuadé, au contraire, qu'ils désavoueroient authentiquement la conduite de ces juges iniques, s'ils étoient appelés en témoignage. Mais qu'ai-je besoin de témoins? Toutes les preuves, au soutien de mes doléances, ne seront-elles pas remises à l'assemblée nationale, ou rapportées à la suite de ce mémoire, si elle juge devoir en faire entendre ? Plusieurs citoyens de Tabago sont actuellement à Paris, & tous ces témoins, dont les noms se trouveront à la fin du présent mémoire, étoient à Tabago lors de cette effervescence inconstitutionnelle.

Il me reste néanmoins à expliquer pourquoi l'alternative d'opter dans ce jugement me fût laissée. Il s'agissoit de me bannir de la colonie de Tabago, ou de garder la prison pendant six mois, & de rester au carcan pendant une heure. De ces deux maux, disoient-ils, sans doute, le moindre est celui qu'acceptera la victime que nous voulons immoler. Son serment le liera, ses biens seront perdus, & jamais il ne nous fera rendre aucun compte de nos prévarications. Hé! qui nous jugera? Nul tribunal ne peut le faire, à l'exception de l'assemblée nationale, qui, étant au-dessus de la chambre des pairs en Angleterre, est la seule qui puisse la représenter. Comment notre victime pourra-t-elle s'y faire entendre? Nous lui ôterons tous les moyens pour y parvenir; nous la reléguerons, s'il le faut, dans des contrées isolées, où le seul parti qui lui restera sera celui de gémir en silence, & d'adresser ses plaintes aux forêts & aux échos. Oui, monstres, voilà le projet que vous aviez conçu. Mais le maître de l'univers, qui dispose de tout, les sauvages, parmi lesquels m'a fait jeter le commandant de Tabago, votre complice, ont été indignés de vos perfidies; ils m'ont porté les secours que des hommes doivent à des hommes, & se sont exposés les premiers à périr pour me conduire parmi ceux qui pouvoient me fournir les moyens de faire parvenir mes doléances à la capitale de l'empire françois.

Depuis le 3 novembre 1789, jour de mon emprisonnement, mes nègres avoient été mis à la geole; ma maison, mon mobilier étoient restés à l'abandon, au pillage! & ce ne fut que le 16 novembre, jour de mon jugement, que le sieur

Fadeuilhe se présente, comme soi-disant muni des pouvoirs de mes créanciers, sans aucunes formes judiciaires, se fait nommer séquestre de mes biens par la cour de chancellerie (1), & conjointement avec le sieur Gauthier, s'emparent de mon immeuble & du mobillier qui m'appartient; il n'est fait légalement aucun inventaire; l'on ne trouve que ce que l'on veut bien trouver; l'on vent à des prix infiniment au-dessous *du quart de leur valeur*: mes effets, disent-ils, ont été expoliés; ma bibliothèque de cinq cens volumes est un objet trop peu considérable pour en parler, ainsi que les matériaux propres à construire une nouvelle maison, consistant en planches, madriers, essentes, ferrures, &c. qui se trouvoient dans la cour à côté de mon jardin. Mes cinq negres, dont le plus vieux avoit vingt-un ans, & le plus jeune onze, ne sont tous vendus que 2100 liv. tournois, tandis que leur moindre valeur étoit celle de 1500 liv. chaque.

Le sieur Gauthier vient me trouver en prison, m'oblige de lui donner mon consentement à la vente de mes biens; je le lui donne, & muni de cette autorisation, que la force avoit extorquée,

---

(1) Cette pièce se trouve sous la cote M.

il se croit fondé à s'emparer de ce qui est échappé à la fureur de mes ennemis.

Le 28 décembre 1789, sur une requête présentée à deux juges de paix, je suis conduit devant eux, & là on me fait faire serment que je partirai de l'isle de Tabago avant le 7 janvier 1790, & que je n'y reviendrai jamais. Après ce serment, & suivant le jugement rendu contre moi, le 16 novembre, je ne me trouvois plus sous la verge de la loi; je devois donc être mis en liberté. Non, l'on me remet encore en prison. Le lendemain 29, je suis conduit devant les soi-disant séquestres de mes biens, qui me montrent arbitrairement des comptes, évaluent ma maison au *huitième de sa valeur* : je veux faire quelques représentations; l'on me répond : consentez à tout, ou l'on vous empêchera de partir.

Le sieur Wigthman, nouveau sujet françois, a l'indignité d'exiger de moi, dans ce moment, une quittance finale. J'observe que j'étois son créancier d'environ six mille livres. (J'ai rendu compte & fourni la preuve de ce fait dans mon premier mémoire adressé à l'assemblée nationale.) Donnez-la moi, ou vous ne partirez pas : telle est sa réponse. Hé! pourquoi, me dira-t-on, donner cette quittance, & consentir aux demandes des séquestres? La fureur de mes ennemis n'étoit pas assouvie par deux mois de prison, & un jugement infamant rendu contre moi ; ils vouloient me faire rester en prison jusqu'au 8 de janvier, afin de me poursuivre ensuite comme faussaire. Dignes représentans de l'empire françois, dans quelles histoires, dans quelles annales trouvera-t-on jamais de pareilles iniquités ? Tabago étoit fait pour renfermer dans son sein des monstres capables de les commettre.

Je suis conduit ensuite devant M. le commandant, qui me dit : Monsieur, vous ne pouvez partir pour une colonie françoise : choisissez la Nouvelle-Angleterre ou la Barbade. Je lui représente que j'ai été volé, pillé ; que je suis dépourvu de tout ; qu'expatrié dans une contrée étrangère, sans amis, sans connoissances, je ne pourrois que mourir d'inanition & de misère. Le voyant inexorable, je lui demande de me faire partir au moins pour la Trinité espagnole : il me l'accorde. O ciel ! croiroit-on que cette grace apparente lui faciliteroit le moyen d'exécuter une nouvelle barbarie ? Conduit de nouveau en prison, l'on ne m'en fait sortir que le lendemain 30 décembre 1789, où une garde m'escorte jusqu'à bord d'un bâtiment françois, commandé par le sieur Marchand, qui, ayant mis à la voile immédiatement après mon arrivée à son bord, va me déposer, avec un meurtrier anglois qu'on m'avoit donné pour compagnon de voyage, à la pointe de la galère de la Trinité espagnole, parmi les sauvages. Là, dans les forêts, sans connoissances, au milieu d'êtres inconnus, parlant un langage que j'ignorois, dans un lieu dont aucun bâtiment n'approche, je me trouve exilé, sans espoir de parvenir jamais à ceux qui auroient pu m'entendre : mes malheurs, ma position, en un mot, mes besoins, me font implorer les sauvages par des signes. Je trouve des hommes compatissans ; ils me soignent, me caressent ; quelques-uns, parlant un mauvais françois, s'accostent de moi. Le récit abrégé de mes aventures les attendrit ; & au bout de huit jours de résidence parmi eux, ils s'exposent à traverser quarante lieues de mer affreuse, dans une petite pirogue non pontée, où la mort se présente à chaque instant ; & après quarante-huit heures d'un danger inoui, ils ont le bonheur de me mettre au port d'Espagne de la Trinité, où M. Chacon, le gouverneur, indigné d'un pareil traitement, tâche, par ses bontés, & les fêtes auxquelles il m'admet, de me faire oublier, si cela eût été possible, les atrocités que mes ennemis m'avoient fait subir.

Les administrateurs de Sainte-Lucie, lorsque j'y passai, en ont fait autant, ainsi que les François de cette colonie, & celle de la Martinique.

C'est à vous, Messieurs, qu'il est reservé de venger l'honneur d'un bon François. Oui, Messieurs, c'eſt dans votre ſein que j'eſpère trouver ce qu'attendent tous les colons des iſles du vent, tous les François qui connoiſſent dans ce moment mes griefs & les perſécutions que j'ai eſſuyées; c'eſt auſſi ce qui me fait conclure avec aſſurance,

1°. A l'intervention de M. de Chancel, procureur général de Tabago; 2°. à ce que le jugement de la cour d'Oïer & Terminer, en date du 16 novembre 1789, qui condamne injuſtement *le ſieur Boſque d'être empriſonné pendant ſix mois, d'être mis & de reſter depuis midi juſqu'à une heure au carcan, le ſeizième jour du mois de mai 1790, à moins qu'à l'expiration des ſix ſemaines, à dater dudit jour 16 novembre 1789, il ne ſignifie à deux juges quelconques de ladite cour, qu'il eſt conſentant de partir de ladite colonie & n'y jamais revenir, & ce ſous ſerment; auquel cas, leſdits deux juges feront enregiſtrer ledit ſerment & ladite requête ſur les regiſtres de cette cour, & demanderont à M. le commandant en chef la permiſſion pour que ledit Boſque parte, ſans préjudicier à ſes créanciers*: que ledit jugement, dis-je, ſoit déclaré injuſte & attentatoire à la conſtitution françoiſe; qu'il ſera lacéré & biffé par l'exécuteur des hautes œuvres de Tabago, ou par le prévôt-maréchal de ladite iſle, à l'iſſue d'une meſſe paroiſſiale, célébrée un jour de dimanche ou de fête, en la ville du Port-Louis de Tabago ; mention préalablement faite, en marge dudit jugement, sur les régistres de ladite cour d'Oïer & Terminer, du décret à intervenir de l'assemblée nationale. 3°. Que les actes & serment que le sieur Bosque a signés ou prêtés depuis le 3 novembre 1789, jusqu'au 30 décembre même année, seront déclarés nuls & non avenus, comme actes injustes & extorqués pendant l'emprisonnement & les persécutions éprouvées par le sieur Bosque.

4°. A ce que la maison & terrein, situés en la ville du Port-Louis de Tabago, ayant face aux rues des prêtres & Jobal de ladite ville, soient remis, avec leurs dépendances, au sieur Bosque, à qui ils appartiennent. Et en outre, attendu que le mobilier du sieur Bosque, consistant en nègres, bois à bâtir, essentes, meubles, livres, linges, &c. a été expolié ; que ledit sieur Bosque a été détenu deux mois en prison, ensuite exilé à la pointe de la galère de la Trinité espagnole, parmi la peuplade des sauvages de Cumana, & obligé de se rendre à Paris, où il est arrivé après six mois de route, ainsi que pour son séjour, retour, déplacement & autres indemnités, condamner les sieurs Jobal, Gilbert Pétrie, Thomas Wilson, Nathaniel Stewart, William Smith, Thomas Currie, Robert Paterson & Dangleberme, en leurs qualités respectives, & solidairement l'un pour l'autre, un d'eux seul pour le tout, à payer audit sieur Bosque, ainsi que pour tous dépens, dommages & intérêts, & pour lui tenir lieu de réparations civiles, la somme de deux cents mille livres tournois; sauf à l'assemblée nationale à prononcer, pour la vindicte des François, telle peine qu'elle avisera contre les accusés.

C. BOSQUE.

Paris, le 6 août 1790.

NOMS des personnes qui se trouvoient à Tabago lors de la révolution, & qui sont actuellement à Paris.

M. ROUME DE SAINT-LAURENT, ordonnateur de Tabago, demeurant rue de Richelieu, hôtel Calais.

M. DE CHANCEL, procureur-général de Tabago, demeurant rue Haute-Feuille, hôtel d'Angleterre.

M. GRELIER, président de l'assemblée patriotique de Tabago, rue des Deux-Ecus, hôtel Cumberland.

M. GUYS, vice-président de ladite assemblée, rue

Bourg-l'Abbé, passage de l'Ancre-royal, chez M. Marion, au premier.

M. DE SAINT-LEGER, commandant la garde nationale de Tabago, rue Petit-Bourbon, hôtel de Châtillon.

M. CHANCEL le jeune, commissaire de la commission établie pour la liquidation des dettes des habitans de Tabago, rue de Richelieu, hôtel de la Chine.

M. LE BORGNE, secrétaire du gouvernement de Tabago, *idem*.

M. DULAC, sergent-major de la garde nationale de Tabago, rue Favart, n°. 4, près les Italiens.

M. TOMBARELLY, capitaine de navire marchand, rue du Mail, hôtel

M. MICHON, fourrier au régiment de la Guadeloupe, alors sergent au second bataillon dudit régiment, rue du Chantre.

M. TOURTIER, sergent-major, alors au second bataillon dudit régiment, fauxbourg du Temple, chez M. Azor, épicier.

PIÈCES JUSTIFICATIVES.

LIASSSE N°. Ier.

TABAGO.

A.

Port-Louis, le 22 octobre 1789.

MESSIEURS,

Dans un temps où la nation françoise se régénère & prend un nouvel être, où les colonies, à l'exemple de la métropole, prennent une constitution qui les rapproche de leur mère-patrie, Tabago exclusivement sera-t-il privé de ce bonheur ?

Tous les bons citoyens françois de la ville Port-Louis, désirant se modeler sur la capitale de l'empire & y adresser leur témoignage d'une vive reconnoissance aux représentans de la nation, m'ont chargé, Messieurs, de vous inviter à vous réunir à eux, demain vingt-trois de ce mois, dix heures du matin, en la maison de feu M. Langoueran, pour y établir provisoirement, sur une base solide, mais sage & prudente, les demandes sur lesquelles doit maintenant reposer le bonheur général des Colons & des Antilles.

Je ne doute pas, Messieurs, que votre travail

ne soit unanimement adressé à l'assemblée nationale, pour la mettre à même de connoître les besoins, les ressources & la population de la colonie; cet espoir, soutenu par le patriotisme qui règne dans le cœur de tous ceux qui sont François, ou qui le sont devenus par leur serment, me fera toujours dire, avec respect,

Que j'ai l'honneur d'être,

MESSIEURS,

Votre très-humble & très-obéissant serviteur,

C. BOSQUE.

Paraphé *ne varietur*, le 23 octobre de relevée 1789, l'assemblée tenante.

GRELIER, président.

A Messieurs,
Messieurs les anciens & nouveaux sujets francois de cette colonie.

WARANT pour empêcher la tenue de l'assemblée patriotique.

B.

LES réglemens prescrivant qu'il ne sera tenu aucune assemblée par des particuliers, sans qu'ils y soient légalement autorisés, & nous, conseiller, juge de paix du Quorum de cette île, étant instruit que M. Bosque en a convoqué une pour demain 23 du courant, dans la maison du sieur Langoueran, en cette ville du Port-Louis, nous lui défendons, de la part du roi, par le présent warant, de tenir ladite assemblée, & de sortir de sa maison, pendant tout ledit jour de demain.

Nous ne doutons pas de la pureté des intentions de M. Bosque, ni de ceux qui ont formé avec lui le projet de cette assemblée; nous sommes assurés qu'ils n'ont d'autres vues que de faire éclater les sentimens de leur allégresse & de leur reconnoissance envers un souverain & une métropole qui s'occupent du bonheur commun & des moyens d'assurer la liberté sous la sauve-garde des loix. *Mais ces motifs pourroient être méconnus & mal interprétés*; ils ne légitimeroient point une assemblée contre laquelle s'élèvent les réglemens, sans l'observation desquels la liberté dégénéreroit en licence. Tel est le motif qui nous fait décerner le présent warant, de l'exécution duquel nous chargeons le sieur Bigé, huissier, qui, après l'avoir signifié par copie en forme à M. Bosque, en donnera connoissance à MM. les administrateurs, & nous certifiera, dans trente-six heures, de l'exécution de notre ordre. Au Port-Louis-de-Tabago, le 22 octobre 1789.

Signé DE CHANCEL, procureur-général & juge de paix.

A

A la requisition du sieur Bigé, le brigadier de maréchaussée donnera main-forte, pour que le warant ci-dessus soit exécuté. Au Port-Louis, le 22 octobre 1789. *Signé* de CHANCEL.

J'ai reçu de M. le procureur-général, un warant conforme à celui ci-dessus, & des autres parts, au sieur Bosque, pour lui être signifié par moi, huissier soussigné. Cejourd'hui 22 octobre 1789. *Signé* BIGÉ.

Pour copie collationnée, WIGHTMAN, greffier.

Nous, commissaire-général-ordonnateur de l'isle de Tabago & dépendances, certifions à tous ceux qu'il appartiendra, que le sieur Charles Wightman, qui a signé la présente copie, est réellement greffier, & que foi doit être ajoutée à sa signature, tant en jugement que hors. Donné sous le sceau de nos armes & le contre-seing de notre secrétaire, à Tabago, le 23 janvier 1790.

ROUME DE SAINT-LAURENT.
Par M. l'ordonnateur,
WYATT.

C.

A Monsieur,
Monsieur Bosque, en sa maison
à Tabago.

Le chevalier DE JOBAL.

JE me suis entendu, monsieur, avec M. de Saint-Laurent & M. de Chancel, pour vous relever des arrêts; en conséquence, ces messieurs & moi nous vous mettons en liberté, & vous engageons à la tranquillité que tous les citoyens honnêtes doivent observer dans la colonie. Je suis assuré que l'intérêt que j'ai pris à votre élargissement, fixé pour aujourd'hui, vous prouvera combien j'approuve la liberté qui est si désirable à la nation. Restez donc tranquille, je vous y engage par l'intérêt que je prends à toute la colonie, & à vous qui vous égarez pour ce moment.

Le chevalier DE JOBAL.

Ce 23 octobre 1789.

D.

Port-Louis, le 23 octobre 1789.

MESSIEURS,

PLUSIEURS personnes, au nombre de quarante-cinq, se trouvoient déjà réunies en la maison de

M. Langourean ; ils espéroient que vous eussiez voulu vous réunir à eux sans aucune difficulté ; votre retard à nous procurer cette satisfaction, que nous avons tous si à cœur, nous empêche dans l'exécution d'un si beau projet, & que vous approuviez : nous vous adressons le présent, pour vous faire nos instances & vous engager à ne pas nous abandonner dans un instant aussi précieux ; nous sommes députés choisis par le nombre des citoyens qui sont déjà rassemblés, & nous nous proposions de vous allez voir ; mais un du nombre ayant donné l'avis, qui a été approuvé par l'unanimité, de vous écrire la présente au nom de la nation, & de renvoyer la tenue de notre assemblée à trois heures après-midi, nous nous sommes empressés de remplir leurs vues, & de vous supplier de ne pas nous refuser notre demande.

Nous avons l'honneur d'être,

MESSIEURS,

Vos très-humbles serviteurs,
le chevalier de RUTHIE,
Antoine CHAPP.
E. LAFOND.
C. BOSQUE.

A messieurs Guys de Saint-Hélene, Grelier, Fremin & Favaux.

E.

A Meſſieurs, (1)
Meſſieurs les adminiſtrateurs de l'iſle de Tabago, & dépendances.

Les citoyens de la ville du Port-Louis, ivres de joie, & partageant, avec la métropole & les colonies françoiſes, l'enthouſiaſme & les ſentimens de reconnoiſſance dus A Louis XVI, LE RESTAURATEUR DE LA LIBERTÉ FRANÇOISE; A MESSIEURS LES DÉPUTÉS, LES RÉGÉNÉRATEURS DE NOTRE CONSTITUTION, ET A CES BRAVES DÉFENSEURS DE LA PATRIE, ont formé le projet de s'aſſembler cejourd'hui, dix heures du matin, en la maiſon de feu M. Langoueran, ſituée en cette ville du Port-Louis, afin d'adreſſer à l'aſſemblée nationale les marques de leurs reconnoiſſances, conſidérant qu'ils ne peuvent mieux exécuter un projet auſſi ſatisfaiſant, que ſous les yeux de deux adminiſtrateurs qui ſe ſont diſtingués

---

(1) Cette lettre avoit été écrite le matin du 23 octobre, & ſignée; mais l'on en retarda l'envoi juſqu'à la tenue de la ſéance, afin de mettre en délibération ſi elle devoit être envoyée ou non; mais il fut unanimement arrêté qu'elle le ſeroit.

par leur patriotisme; ils les supplient de vouloir se joindre à eux, afin de coopérer à ce grand œuvre.

Chevalier de Rhutie, Vrignault, Grelier, Ricard, Charles Fiot, le Maire, A. Chapp, Jean Forés, C. Bosque, Lafond, Stofbach, Henri Bourdel, Blanchard, Guenon, Darrass, Sauveur, E. Colomban, E. Blondel, Dumont, Vrignault jeune, P. Mallebay, David, Bouteille, J. Chapp, Melix aîné, Fouquet, B. D. Thèbe, Coker aîné, Fremin, Faveaux, Ringlet, Savidge, Chapory, Jn. Castelin, Wyatt, Bigé, Jn. Mignac, Mounier, F. Tetart, F. Birabin, Léonard Bayeux, Mazurie, P. Gout, Dufresnoy, Balade, Testu, Jn. Jamet, Marchand, Saint-Aubin, Jn. Berthélemy, Perrain, Monvel.

Port-Louis, 23 octobre 1789.

G.

NOUS soussignés, protestons contre tout ce qui a été fait ci-devant, & ce qui pourroit être fait ultérieurement, jusqu'à ce qu'une nouvelle assemblée ait été approuvée par MM. les administrateurs en chef; protestons même contre notre signature. Ce 23 novembre 1789, Fremin, Favaux, Ringlet, Bouteille, Ju. Jamet & Dufresnoy.

F

SUR le rapport qui a été fait à l'aſſemblée, par les quatre députés envoyés à MM. les adminiſtrateurs, à l'effet de les inviter, au nom de tous les bons François, de venir prendre part à la joie commune, & ſur leur refus à y acquieſcer, elle a arrêté qu'il ſeroit fait des remontrances aux chefs de cette colonie, expoſitives que dans toutes les colonies françoiſes, des députés ont été nommés pour engager leur chef à venir prendre part à l'allégreſſe commune; que cette démarche ſuppoſoit un concours de pluſieurs perſonnes qui n'a pas été déſavoué; en conſéquence, les membres de ladite aſſemblée ont décidé qu'il ſeroit fait d'itératives repréſentations, pour, ſur l'aveu & de l'agrément des chefs, être continuée, n'ayant pour but que de ſe conformer à ce qui a été pratiqué dans toutes les colonies françoiſes; & ſur leur déſaveu, ladite aſſemblée être diſſoute, ce qui eſt une marque non équivoque de leurs reſpects pour la loi.

Port-Louis, Tabago, le 23 octobre 1789, cinq heures de relevée.

GRELIER, préſident.

C. BOSQUE, ſecrétaire.

H.

Et ſur un nouveau rapport qui nous a été fait par M. Fremin, élu vice-préſident à l'aſſemblée, que MM. les adminiſtrateurs ſe propoſoient de donner, jeudi prochain, l'agréable ſpectacle d'une fête publique, où la troupe prêteroit ſerment de fidélité à la nation, à la loi & au roi, l'aſſemblée a arrêté unanimement que MM. les adminiſtrateurs ſeroient félicités de leurs ſentimens patriotiques, & *que toute opération demeureroit ſuſpendue, juſqu'à ce qu'il en ait été par eux autrement décidé*; & l'aſſemblée a arrêté, ſur les repréſentations de M. le préſident, que toute aſſemblée ne pouvoit être légale, qu'autant qu'elle ſeroit autoriſée par les chefs; qu'il falloit attendre leur conſentement pour la continuation de ſes opérations; ſur quoi l'aſſemblée a décidé que tout ce qui a été fait ſubſiſteroit, juſqu'à ce qu'il en ait été autrement délibéré, & que copie du préſent ſeroit adreſſé à MM. les adminiſtrateurs de Tabago.

E. Lafond, le Maire, Grelier, Wyatt, Mignac, Guenon, Jean Caſtelin, Sauveur, François Tetard, Monvel, Perrain, Rowland, Sand Coker, Bayeux, Monier, Chapory, Savidge, Ricard, Blondel,

Henri Bourdel, Mazuri, Blanchard, Stofbac, Sauveur, Pierre Mallebay, Antoine Chapp, Jean Chapp, Goutte, Bigé, Jean-Barthelemy David, Gilſon, Balade, Darraſs, Simon Birabin, C. Boſque.

I.

Diſcours prononcé par le ſieur BOSQUE, *le* 25 *octobre* 1789, *à l'aſſemblée patriotique de Tabago.*

MESSIEURS,

SI jamais Tabago eut un jour heureux, c'eſt celui où une grande partie de ſes colons ſe raſſemblent pour témoigner leur gratitude à l'aſſemblée nationale, où les cœurs, ivres de joie, raviſſent à l'organe le plaiſir d'exprimer leur enthouſiaſme à des héros, à des hommes députés d'une nation dont la richeſſe conſiſte en l'union de ſes concitoyens, & en des vertus que nul peuple n'a pu ni ne pourra jamais balancer.

Dans le temps même où le trône, environné d'un deſpotiſme affreux, ſuſcité par des miniſtres & des courtiſans égoïſtes, où la France livrée à des malheurs inexprimables, gémiſſoit ſous l'oppreſſion la plus cruelle ; dans ce temps, dis-je, où tous les cœurs devoient être blaſés, où notre marine & nos poſſeſſions d'outre-mer, livrées à la cupidité d'une ennemie intérieure, & plus à craindre que celui qu'il nous falloit combattre; dans ce temps, le François ſe diſtinguoit par ſon patriotiſme.

Son ſang, ſa vaiſſelle, ſes bijoux étoient ſacrifiés, & tous alloient au-devant de la faulx qui devoit terminer l'exiſtence de la France.... Que dis-je, terminer l'exiſtence de la France! Une nation, compoſée de vingt-ſix millions de François, pouvoit-elle s'anéantir où la cruelle ariſtocratie, qui s'abreuvoit du ſang de nos concitoyens, n'a jamais pu épuiſer ni notre zèle, ni notre activité, ni nos richeſſes?

Le peuple françois a toujours chéri & adoré ſon roi; notre fidélité lui a élevé un temple dans nos cœurs, & nos fortunes n'ont jamais été épuiſées, lorſqu'il a été queſtion de les ſacrifier pour la patrie: mais nos ames brûloient de rentrer en poſſeſſion des droits de nos aïeux & de la liberté que l'origine des Gaules avoit perpétué dans nos cœurs. Cette liberté devoit aſſurer les droits de l'homme & de ſes propriétés, devoit fixer ſur une baſe conſtante nos anciens titres, & faire revivre ces temps heureux de notre inſtitution.

Louis XVI se rendit à des vœux que nous faisions depuis long-temps; la convocation des états-généraux fut le gage que nous donna ce monarque, de son amour, & de la continuité de sa bienfaisance.

Les représentans d'une nation puissante & respectable, ces députés sublimes ont justifié le choix de la nation : leur sagesse, leur prudence, leur activité, leurs lumières, & la fermeté avec laquelle ils ont régénéré notre empire ; les droits de l'homme, de sa liberté individuelle, de sa propriété qu'ils ont fixée à jamais ; le travail immense qui a suivi leurs premiers décrets, & qui s'est toujours soutenu par les mêmes principes, leur assurent à jamais la gratitude de tous les cœurs ; la métropole leur a témoigné combien elle est pénétrée d'admiration & de reconnoissance.

Les colonies se sont empressées de leur adresser leurs hommages & leurs remercîmens ; elles ont senti tout le prix du sacrifice des vertueux députés, ainsi que des bons patriotes qui avoient versé leur sang à la journée mémorable du 14 juillet.

Sainte-Lucie, sur-tout, s'est distinguée en faisant une bourse pour être adressée aux veuves & aux orphelins de ces généreux défenseurs de la patrie.

Cette colonie, moins à portée que les autres de communiquer avec la métropole, n'est instruite que depuis quelques jours de cette heureuſe révolution ; à peine ſes habitans ont été à portée de connoître ce renouvellement de notre conſtitution, qu'ils ſe ſont empreſſés de ſe réunir, afin de pouvoir participer à la joie de la France & des autres colonies. Combien cette réunion, Meſſieurs, fondée ſur d'auſſi beaux motifs, doit avoir d'attraits ! combien elle doit nous cauſer de joie, de tranſport & d'ivreſſe ! Ne perdons donc pas de momens auſſi précieux ; 1°. que nos premiers mouvemens ne tendent qu'à adreſſer nos remercîmens à MM. les députés, qui ont opéré, par leur patriotiſme, leurs vertus & leur fermeté, la régénération de l'empire, ainſi qu'à Louis XVI, le reſtaurateur de la liberté françoiſe ; qu'il ſoit nommé, à cet effet, un comité pour en faire la rédaction, & exprimer nos ſentimens à l'aſſemblée nationale & à ſa majeſté.

2°. Que chaque citoyen de la ville du Port-Louis portera la cocarde blanche, bleue & rouge, comme le gage aſſuré de la proſpérité françoiſe.

3°. Qu'il ſoit fait une bourſe pour être adreſſée à l'aſſemblée nationale, afin que la diſtribution en ſoit répartie aux veuves & orphelins des défenſeurs de notre liberté, & des ſoutiens de notre régénération.

4°. Que tous les habitans de Tabago ſoient

invités de participer à une œuvre aussi satisfaisante, & à se réunir à nous, mercredi 28 du présent mois, huit heures du matin, temps auquel la présente assemblée sera convoquée, afin de coopérer ensemble au bonheur de la colonie.

Port-Louis, le 25 octobre 1789.

C. BOSQUE.

Les deux premières motions passées unanimement ledit jour de relevée 1789. C. BOSQUE.

Paraphé *ne varietur* le discours du sieur Bosque, prononcé cejourd'hui de relevée 1789, l'assemblée patriotique de la ville du Port-Louis tenant sa séance, pour icelui être déposé parmi ses minutes.

GRELIER, président.

GUYS DE SAINT-HÉLENE, vice-président.

C. BOSQUE, secrétaire.

N.

26 octobre 1789, du matin.

MESSIEURS,

EN conséquence de l'arrêté de l'assemblée patriotique, tenue le jour d'hier en la ville du Port-Louis, MM. les anciens & nouveaux sujets françois de cette colonie, ſont invités, de la part & ſelon le vœu de tous les membres de ladite aſſemblée, à ſe trouver mercredi prochain, 28 du courant, à dix heures du matin, en la nouvelle ſalle du palais, pour & avec les citoyens déjà réunis & conſtitués en aſſemblée, ne former qu'un ſeul & même corps, & tous enſemble manifeſter leur joie de la régénération françoiſe.

Au Port-Louis, Tabago, le 26 octobre 1790.

Signé GRELIER, préſident.

GUYS DE SAINTE-HÉLENE, vice-préſident.

CHARLES BOSQUE, ſecrétaire.

MM. les adminiſtrateurs ſe joignent à l'invitation de l'aſſemblée du Port-Louis, & invitent toute la colonie de s'y trouver, pour contribuer tous enſemble au bien général.

Signés le chevalier DE JOBAL & ROUME DE SAINT-LAURENT.

O.

27 *octobre* 1789.

A Meſſieurs,

Meſſieurs de l'aſſemblée patriotique du Port-Louis de Tabago.

Au Port-Louis. Le chevalier de Jobal.

MESSIEURS,

JE ne ſaurois vous témoigner mon contentement

ſur la manière patriotique & honnête avec laquelle vous avez terminé votre aſſemblée, pour vous joindre à celle générale de l'iſle. J'approuve avec le plus grand plaiſir tout ce que vous déſirez, & vous prie, Meſſieurs, d'en recevoir mes ſincères remercîmens; & pour preuve de ma ſatisfaction, j'invite M. Grelier à ſe rapprocher de moi, & l'engage de nouveau à concourir à la réunion générale que MM. les adminiſtrateurs ſe ſont empreſſés d'offrir à tous les citoyens de leur gouvernement.

Recevez, Meſſieurs, les aſſurances du ſincère & reſpectueux attachement, avec lequel j'ai l'honneur d'être,

MESSIEURS,

Votre très-humble & très-obéiſſant ſerviteur.

Signé le chevalier DE JOBAL.

A meſſieurs de l'aſſemblée patriotique du Port-Louis.

Pour copie collationnée ſur les originaux, dépoſés au greffe public de cette iſle,

WIGTHMAN, greffier.

Nous, commiſſaire-général & ordonnateur de l'iſle de Tabago & dépendances,

Certifions à tous ceux qu'il appartiendra, que

le ſieur C. Wigthman, qui a ſigné ci-deſſus, eſt greffier en cette iſle ; que foi doit être ajoutée à tout ce qu'il ſigne en cette qualité, tant en jugement que hors. Donné au Port-Louis de Tabago, ſous le ſceau de nos armes & le contre-ſeing de notre ſecrétaire, le 23 janvier 1790.

ROUME DE SAINT-LAURENT.

Par M. l'ordonnateur, WYATT.

N.

Extrait des minutes de l'aſſemblée patriotique, du 26 octobre 1789.

M. le préſident ayant mis en queſtion, 1°. s'il étoit à propos que les gens de couleur, libres, portaſſent la cocarde, qui eſt le ſignal de la liberté,

L'aſſemblée arrêta qu'ils la porteroient.

2°. Si ces mêmes gens de couleur, libres, pouvoient participer à la fête qui ſe donnera jeudi prochain, c'eſt-à-dire, s'ils pouvoient s'aſſembler pour manifeſter, par leur réjouiſſance, la part qu'ils prennent à la régénération de la nation,

Il fut arrêté unanimement que les mulâtres ſeulement partageroient la joie commune, cedit jour, attendu qu'ils ſe ſont toujours montrés trèsattachés aux blancs, & que cette privation pourroit aliéner leur esprit, ce qu'en bonne politique il étoit essentiel de prévenir ; mais que les nègres libres, sur lesquels on ne peut compter, & que l'on pourroit plutôt regarder comme des ennemis secret, & des agens de leur nation, que comme des sujets françois, ils devoient, à la vérité, puisqu'ils sont libres, arborer le signal de la liberté ; mais qu'étant important de veiller sur leurs démarches, l'assemblée croyoit qu'il étoit de sa prudence de leur assigner un jour différent de celui que M. le commandant a choisi pour célébrer la fête de la colonie.

GRELIER, président.
GUYS DE SAINT-HÉLENE, vice-président.
C. BOSQUE, secrétaire.

O.

AUJOURD'HUI 27 du mois d'octobre 1789, en vertu de notre mission, en date de ce jour, à nous donnée par l'assemblée patriotique de cette isle de Tabago, nous Fadeuilhe & Lafond, nous sommes transportés chez M. le commandant en chef de cette colonie, pour lui donner communication de notre arrêté de la séance de cedit jour, tenue à dix heures du matin ;

Lequel

Lequel nous a reçu de la manière la plus honnête, & nous a dit qu'il alloit faire assembler tous les habitans de cette isle, pour se joindre à l'assemblée générale, qui sera convoquée mercredi prochain, 28 du présent mois, & qu'au sujet de notre arrêté, il avoit déjà donné des ordres pour que toute la troupe fût libre. Fait au Port-Louis, l'assemblée tenante, lesdits jour & an que dessus.

E. LAFOND. B. FADEUILHE.

LIASSE Nº. II.

A.

Cette pièce a été soumise à MM. les commissaires des sections, ainsi que toutes celles qui sont citées ou imprimées.

Voyez la note nº. 1, à la page.

B.

TABAGO.

Congé pour la Martinique.

IL est permis à MM. Blondel & Bosque, habitans de la ville du Port-Louis de Tabago, de passer à la Martinique avec mademoiselle Pally, ainsi que deux petites négrites, à elle appartenantes, & un nègre domestique. Donné à Tabago, le 2 novembre 1789.

Bon pour —— jours.

Signé le chevalier DE JOBAL.

Collationné sur le congé original, remis de suite à Me. Bosque, qui l'a rendu à Pacaud, maître de bateau.

E. LAFOND, notaire royal.

Nous Philippe-Rose Roume de Saint-Laurent, commissaire-général-ordonnateur de l'isle Tabago & dépendances, certifions & attestons à tous qu'il appartiendra, que Me. Lafond, qui a signé ci-dessus, est notaire en cette isle, au seing duquel foi doit être ajoutée, tant en jugement que hors; en témoin de quoi nous avons signé les présentes, contresignées par notre secrétaire, & à icelles fait apposer le sceau de nos armes. Donné en notre hôtel, le premier janvier 1790, en la ville du Port-Louis-Tabago.

ROUME DE SAINT-LAURENT.

Par M. l'ordonnateur,

WYATT.

C.

Extrait de la séance du comité tenue au Port-Louis, depuis le 3 novembre 1789, jusqu'au 7 dudit mois.

Préſens, MM. Pétrie, doyen, Thomas Wilſon, William Smith, Thomas Currie, Nathaniel Steward, Robert Paterſon.

LES minutes de la dernière ſéance furent lues. Le doyen obſerva alors que l'objet le plus eſſentiel de la ſéance actuelle du comité intermédiaire, étoit de prendre en conſidération des rapports d'une nature très-alarmante, relativement à la ſûreté de cette colonie, & de délibérer ſur les moyens les plus efficaces pour la conſervation de la paix & la ſûreté de cette iſle, d'après les informations qui pourroient être miſes ſous ſes yeux. La ſuſdite minute ayant été lue devant un auditoire nombreux, le doyen requit que ſi quelqu'un pouvoit donner des informations concernant le danger, dont il a couru le bruit que la colonie eſt menacée, il les communique au comité.

Sur quoi M. Dangleberme, l'un des juges de la cour de commiſſion, dépoſa ſur le bureau la déclaration ſuivante.

« Ma motion a tendu à mettre ſous les yeux du comité ici aſſemblé, les juſtes motifs de crainte du danger où toute l'iſle a été, par une aſſemblée illégale & illicite, convoquée par un certain Boſque, Grelier & Guys de Saint-Hélène, Pierre-Joſeph le Borgne, au ſoutien de laquelle motion *j'ai remis ſur le bureau nombre de dépoſitions des différens ſoldats en garniſon en cette iſle, ayant été prié par MM. les officiers de faire la préſente motion en leurs noms, & comme ayant été la cauſe légitime du refus qu'eux & leurs troupes ont fait* (1) *de prêter ſerment entre les mains du ſieur Grelier, nommé tumultueuſement, & ſans approbation du plus grand nombre des citoyens* (2), qui avoient été comme eux convaincus de l'eſpèce de ſédition qui ſe tramoit dans

(1) La troupe n'a refuſé que d'après l'ordre de ſes officiers; & encore, pour que les ſoldats prêtaſſent le ſerment entre les mains de l'ancien comité de l'aſſemblée miniſtérielle, on fit placer devant eux M. Roume de Saint-Laurent. Les ſoldats, qui avoient une grande confiance en cet adminiſtrateur, ont cru qu'il avoit été nommé préſident de l'aſſemblée patriotique, & que les autres perſonnes étoient les membres de ſon comité.

(2) Ceux que déſigne M. Dangleberme, pour le plus grand nombre des citoyens, étoient la trentième partie, qui formoient le parti d'oppoſition.

l'aſſemblée où ledit ſieur Grelier prenoit indécemment la qualité de préſident.

Cette prétendue aſſemblée, croyant avoir la plus grande partie des troupes à ſa dévotion, ſe croyoit tout permis; elle envoya vers M. le commandant en chef, M. le Borgne, ſon greffier, en qualité de député (1) : mondit ſieur le commandant ayant mal reçu la députation, le ſieur le Borgne revint à l'aſſemblée, ſe plaignit beaucoup, & fit une motion, par laquelle il prioit MM. de l'aſſemblée de prendre en conſidération ſes affaires avec M. le commandant, *qu'il la prioit de faire à ce ſujet un mémoire, pour être envoyé à l'aſſemblée nationale à Paris, & demander juſtice* (2).

Le même jour, ou le lendemain, l'aſſemblée envoya M. de Chancel le jeune en députation vers M. le commandant ; il fut mal reçu ; & revenu à l'aſſemblée, il fit ſon rapport ; alors M. Guys de Saint-Hélène, commiſſaire de guerre, fit une motion, par laquelle il propoſa de mander mondit ſieur le commandant devant l'aſſemblée, pour

(1) M. le Borgne n'étoit pas greffier de l'aſſemblée patriotique ; il a été élu, par le comité de l'aſſemblée générale, le 28 octobre, ſecrétaire dudit comité.

(2) Quel crime !

rendre compte des motifs qui l'avoient porté à recevoir durement un membre de leur aſſemblée, & il y eut des oppoſans à cette motion ; & contre l'avis des ſieurs Grelier & Boſque, la motion n'eut pas lieu.

M. Fadeuilhe, membre de l'aſſemblée, ayant repréſenté combien ils ſeroient répréhenſibles en recevant le ſerment des ſoldats, qui, ayant vendu leur liberté au roi *& à la nation*, en s'engageant, ne pouvoient plus le prêter une ſeconde fois, à moins qu'ils ne fuſſent relevés de leur ſerment *par la nation en France* (1). Cette motion attira au ſieur Fadeuilhe les plus vifs reproches par ſes chefs. Il y eut même un nommé Pacaud, maître de bateau, qui penſa l'aſſaſſiner devant toute l'aſſemblée ; cependant on fit droit ſur la motion, & le cahier où les ſoldats avoient ſigné, fut déchiré.

Je prie ce reſpectable comité de prendre en conſidération ces préſentes, ainſi que les différentes dépoſitions des ſoldats, que j'ai mis ſur le bureau, de la part de MM. les officiers du régiment de la Guadeloupe, pour, par vous, Meſſieurs, ſtatuer

(1) Le ſieur Fadeuilhe ne parla pas de la nation ; ſa motion, tel que je l'ai dit, & ainſi qu'il a été prouvé, contre mon avis, eut ſon exécution.

ce qu'il appartiendra, tant contre ledit Bosquet, que contre ses complices, fauteurs & adhérens.

Au Port-Louis-Tabago, ce 3 novembre 1789.

Signé DANGLEBERME.

. . . .

Des délibérations, signées par des personnes, furent aussi mises sous les yeux du comité, & ordonné qu'elles seroient déposées.

Le comité arrêta que la lettre suivante seroit envoyée à M. le commandant en chef.

MONSIEUR,

En conséquence des informations authentiques, & sous serment, qui nous ont été données, &c. (1).

. . . .

Le secrétaire ayant eu ordre de remettre la susdite lettre, rapporta pour réponse que M. le commandant faisoit dire au doyen que toutes les fois que le comité feroit des demandes semblables, il seroit obéi à la minute.

M. Fadeuilhe, avocat, remit au comité une déclaration sous serment, en conséquence de

---

(1) Voyez l'original sous la cote C, à la liasse nº. 2; elle suppose du danger dans la colonie, & demande que la garde soit doublée.

laquelle la lettre suivante fut envoyée à M. le commandant (1).

MONSIEUR, &c. &c.

. . . .

Le comité, en conséquence, arrêta d'envoyer la lettre suivante à MM. Irvine & Saint-Léger, juges de paix.

Le comité de l'assemblée coloniale ayant reçu des dépositions & autres informations relatives à la conduite criminelle de Charles Bosque & autres personnes, il croit qu'il est de son devoir de mettre sous vos yeux les pièces suivantes, que contient cette information, & il vous prie, en votre qualité de magistrat, de les prendre en considération immédiatement, & d'employer les voies de la loi pour administrer la justice, & assurer la paix & la tranquillité publiques.

Peu de temps après, ces messieurs parurent, & commencèrent leur enquête ou procédure. Sur quoi, &c. &c. (2).

---

(1) Voyez la même cote & la même liasse.

(2) Voyez la suite des séances du comité, aux mêmes cote & liasse, ainsi que les déclarations déjà préparées & remises aux juges de paix à la même liasse. Toutes

Pour copie conforme, certifiée par moi ſecrétaire de l'aſſemblée coloniale.

WIGHTMAN.

D.

Tabago, *Mitimus* contre Boſque.

Edmond Saint-Léger & Chriſtophe-Guillaume Irvine, juge de paix de l'iſle de Tabago, ſuſdite, nommés pour la conſervation de la paix du roi dans ladite iſle.

AU PRÉVOT-MARÉCHAL DE LADITE ISLE.

Nous vous délivrons, avec ces préſentes, le corps de Charles Boſque, ci-devant pratiquant la loi dans ladite iſle, accuſé de mépris, ou mépriſſion contre le gouvernement & la perſonne du roi, en tâchant de ſéduire ſes ſoldats de leur devoir; c'eſt pourquoi, de la part du roi, nous vous ordonnons que vous receviez ledit Charles Boſque immédiatement, & que vous le gardiez en ſûreté dans votre géole, juſqu'à ce qu'il en ſoit délivré

---

ces pièces étant utiles pour démontrer des contradictions & des nullités dans la forme de procéder de tout genre, ſeront remiſes à l'aſſemblée nationale.

par le cours de la loi, & vous ne manquerez pas, à votre risque & péril.

Donné sous nos signatures & sceaux, au Port-Louis de Tabago, susdit, le 4 novembre 1789.

Signés D. EDMONT DE SAINT-LÉGER, & C. G. IRVINE.

Pour copie véritable,

W. SMITH, prévôt-maréchal.

Nous, commissaire-général-ordonnateur de l'isle de Tabago & dépendances, certifions que le sieur William Smith, qui a signé la présente copie, est réellement prévôt-maréchal, & que foi doit être ajoutée à sa signature, tant en jugement que hors.

Donné sous le sceau de nos armes & le contre-seing de notre secrétaire, à Tabago, le 23 janvier 1790.

ROUME DE SAINT-LAURENT.

Par M. l'ordonnateur,

WYATT.

G.

Indictement contre Bosque.

LES jurés de notre seigneur le roi de France & de Navarre, présentent, sous leur serment, que

Charles Bosque, ci-devant pratiquant la loi dans la ville du Port-Louis, isle susdite, du vingt au vingt-huitième jour d'octobre de l'année de notre seigneur Jésus-Christ mil sept cent quatre-vingt-neuf, dans la ville & isle susdite, méchamment, malicieusement & contre son devoir, comme sujet de notre souverain seigneur le roi, d'affoiblir le gouvernement de sadite majesté en cette isle, en portant atteinte à la discipline des troupes de sadite majesté, & avec cette intention, déclara les mêmes jour, an, & à l'endroit susdit, méchamment & malicieusement, à Garot, soldat, *que les soldats doivent être libres d'aller boire où ils voudroient, qu'il en avoit fait signer à cet effet plusieurs, & proposa de faire chez lui un dîner pour la compagnie de M. Cordelier.* Ce que ledit Charles Bosque a fait méchamment & malicieusement à l'insu des officiers commissionnés par sadite majesté, pour le maintien & soutien de la discipline parmi les soldats.

Les jurés, pour notre seigneur le roi, présentent de plus, sous leur serment, que ledit Charles Bosque déclara, du vingt-deux au vingt-huit octobre de l'année de notre seigneur Jésus-Christ mil sept cent quatre-vingt-neuf, dans la ville & isle susdite, méchamment, malicieusement & contre son devoir, étant sujet de notre seigneur le roi, à plusieurs perſonnes auſſi ſujettes de ſa majeſté, *que la compagnie de M. Cordelier étoit à ſes ordres, & qu'il pouvoit en diſpoſer quand bon lui ſembleroit*, ladite compagnie de ſoldats appartenant au régiment de la Guadeloupe, étant alors, comme elle eſt encore en cette iſle, au ſervice & à la ſolde de ſadite majeſté.

Les jurés, pour notre ſeigneur le roi, préſentent de plus, ſous leur ſerment, que ledit Charles Boſque, le vingt-ſept du mois d'octobre de l'année de notre ſeigneur Jéſus-Chriſt, mil ſept cent quatre-vingt-neuf, étant, avec beaucoup d'autres perſonnes inconnues aux jurés, dans une aſſemblée illégale, qui fut tenue dans cette ville du Port-Louis de Tabago, méchamment, malicieuſement & contre ſon devoir, étant ſujet de ſa majeſté, *écouta deux ſoldats, qui, étant entrés au lieu où ſe tenoit ladite aſſemblée, vinrent lui parler à l'oreille, & leur fit ſigner un ſerment.* Leſdits ſoldats étant alors dans ladite iſle à la ſolde & au ſervice de ſa majeſté. Et ledit Charles Boſque n'ayant aucune autororité légale pour faire prêter ledit ſerment.

Et les jurés de notre ſeigneur le roi diſent, ſous leur ſerment, que les faits ſuſdits ſont au détriment de la diſcipline militaire des troupes de ſa majeſté, & qu'ils ont été commis par ledit

Charles Boſque, les jonr, an & aux lieux ſuſdits, méchamment, malicieuſement & illégalement contre la paix de nôtredit ſeigneur le roi actuel, ſa couronne & dignité. Signé à l'original, dépoſé au greffe, DE CHANCEL, procureur général.

Pour copie collationnée ſur celle dépoſée en ce greffe, & délivrée à monſieur l'ordonnateur, cejourd'hui 3 décembre 1789.

C. WIGHTMAN, ſecrétaire de la couronne.

Nous, commiſſaire-général-ordonnateur de l'iſle de Tabago & dépendances, certifions, à tous ceux qu'il appartiendra, que le ſieur Charles Wightman, qui a ſigné la préſente copie, eſt réellement ſecrétaire de la couronne, & que foi doit être ajoutée à ſa ſignature, tant en jugement que hors. Donné ſous le ſceau de nos armes, le contre-ſeing de notre ſecrétaire, à Tabago, le 23 janvier 1790.

ROUME DE SAINT-LAURENT.

Par M. l'ordonnateur,

WIATT.

Indictement.

A True bill, John Hamilton With his fellows. We find the prisonner guilti of the facts within mentioned, Archd, Moore Lyon with his fellows.

Vrai bill, signé Jean Hamilton & ses compagnons. Nous trouvons le prisonnier coupable des faits ci-dessus mentionnés. *Signés*, Archd; Moore Lyon & ses compagnons.

Pour copie.

C. *WIGHTMAN*, *secrétaire de la couronne.*

H.

Substance des dépositions qui ont été entendues contre le sieur Charles Bosque, à la séance de la cour d'Oïer & Terminer, tenue à la ville du Port-Louis de Tabago, le vendredi 13 novembre 1789, & certifiées par M. Roume de Saint-Laurent, ordonnateur; M. de Chancel, procureur général, & MM. W. Irvine, P. A. Dufaur, & Saint-Léger, juges de paix, siégeant à cette cour.

Premier témoin.

Favaux Ringlet, directeur général du domaine par intérim. Il a entendu dire au sieur Bosque, dans le bureau du domaine, qu'il avoit à ses ordres la compagnie de M. Cordelier, & qu'il pouvoit en disposer quand il voudroit. Le sieur Bosque lui dit ces choses deux ou trois jours avant la première tenue de l'assemblée patriotique, & cela en parlant de l'assemblée qui devoit se tenir quelques jours après : le sieur Bosque ne lui a pas dit pourquoi la compagnie de Cordelier étoit à ses ordres ; Bosque parloit de sang-froid ; le déposant ne se rappelle point si c'étoit le matin ou le soir.

Deuxième témoin.

Dufresnoi, visiteur du domaine. Il a entendu dire au bureau, par le sieur Bosque, que ledit Bosque avoit à ses ordres la compagnie de M. Cordelier, & qu'il pouvoit en disposer quand il voudroit ; cela trois ou quatre jours avant la première assemblée patriotique ; c'étoit vers les dix heures du matin, & Bosque paroissoit de sang-froid. Le déposant a été une fois à l'assemblée patriotique ; il y a vu le sieur Bosque, & n'y a point vu des soldats.

Troisième témoin.

Thébés, négociant. Le sieur Bosque a dit, dans son magasin, qu'il avoit la compagnie de M. Cordelier ; que si M. le Chevalier de Jobal n'avoit pas pris la cocarde, la compagnie de M. Cordelier l'auroit prise, & que cela feroit voir à un tas de lâches qu'ils avoient tort de ne pas venir à l'assemblée patriotique: Bosque dit en outre au déposant qu'il avoit fourni des faveurs pour faire les cocardes.

Quatrième témoin.

Bertrand Fadeuilhe, notaire royal. Il a vu, le 27, à l'assemblée patriotique, deux soldats qui, ayant parlé à l'oreille de Bosque, prirent un serment qui avoit été rédigé la veille : Bosque lut le serment, & les soldats le signèrent. LE SERMENT PORTOIT D'ÊTRE FIDÈLE A LA NATION, AU ROI ET A LA LOI, & d'être traître, si on trahissoit l'assemblée. Le déposant, après que les soldats furent sortis, observa à M. Grelier (président de l'assemblée) l'impropriété de cette conduite, & qu'il paroissoit que la troupe étoit attirée : le président répondit que l'on avoit pris, la veille, le serment d'un soldat, après quelques débats ; le serment fut déchiré. Si le déposant ne fit pas la même observation la veille, c'est parce qu'il ne s'y trouvoit point en sûreté la nuit, après avoir été menacé d'être jeté par la fenêtre. Les soldats s'adressèrent à Bosque, qui les fit signer, sans même en avoir prévenu le président. Il n'a été question de

la

la compagnie de M. Cordelier, dans l'aſſemblée patriotique, que pour demander à M. le commandant de ne pas faire monter cette compagnie au fort.

Ce que le dépoſant obſerva de plus mal dans l'aſſemblée, c'eſt le ſerment, & deux hommes qui gardoient la porte pour empêcher de ſortir. Un jeune homme fût ramené dans l'aſſemblée à coups de poings: le ſerment fut pris par MM. Grelier, préſident, Guys, vice-préſident, & Boſque, ſecrétaire, en levant la main, & l'on convint qu'il ſuffiroit pour les autres de le ſigner.

Cinquième témoin.

Garnaud, négociant, (l'un des membres du petit-juré). Le dépoſant n'eſt allé qu'une fois à l'aſſemblée patriotique, le lendemain du jour qu'il arriva. Il fit quelques obſervations relatives à l'aſſemblée de la Martinique. On ne voulut pas les ſuivre; il ſe retira. Le ſieur le Borgne voulut propoſer que les délibérations auroient force de loi; mais le ſieur Fadeuilhe lui ayant fait entendre que cela n'étoit pas bien, le ſieur le Borgne ne fit pas ſa motion.

Sixième témoin.

Perrein, cantinier des troupes (le 23 octobre 1789) au ſoir. Il ſe trouva à l'aſſemblée patriotique ; il ne vouloit pas ſigner, parce qu'il ne voyoit pas les noms de M. Dangleberme & des adminiſtrateurs ; mais on l'engagea de le faire ; il le fit. La deuxième fois qu'il ſe rendit à l'aſſemblée, l'on en diſcuta la légalité. Il y vit entrer, le ſoir, un militaire en veſte blanche, qui ſigna le ſerment. *Ce ſerment portoit d'être fidèle* A LA NATION, AU ROI ET A LA LOI ; *que l'on ſuivroit les loix établies dans l'iſle, juſqu'à ce que la France en donnât d'autres, & que ceux qui y manqueroient ſeroient punis par l'aſſemblée générale de la colonie, & que l'on ne manqueroit ni aux chefs, ni à perſonne. La légalité de cette aſſemblée fut prononcée par une majorité de quarante-ſept contre vingt-trois.*

M. Chancel (le cadet) propoſa d'établir quatre commiſſaires, pour empêcher que la liberté ne ſe changeât en licence. Loin d'y avoir fait de mauvais projets, le préſident avoit recommandé de rejeter toutes les motions contraires au bien public. Les préſident, vice-préſident & ſecrétaire prirent ſerment, & les autres le ſignèrent. Ce ſerment portoit que celui qui abandonneroit l'aſſemblée, ſeroit indigne d'être François. Boſque écrivit le ſerment par le déſir de l'aſſemblée ; le dépoſant n'a point dit à M. la Coſte que ce ſeroit dommage qu'il fût tué ; & il n'en a jamais entendu parler.

Septième témoin.

Garrot, ſoldat du ſecond bataillon de la Guadeloupe. Boſque lui a dit qu'il n'y auroit point de cantine, & que les ſoldats pourroient boire où ils voudroient; Boſque lui a dit avoir fait ſigner beaucoup d'autres ſoldats au même effet; Boſque lui a dit qu'il ſe préparoit à donner un dîner à la compagnie de M. Cordelier, pour avoir mis un pavillon à ſa porte. Boſque n'a propoſé ni à lui, ni à d'autres, à ſa connoiſſance, de venir à l'aſſemblée. Le dépoſant eſt allé une fois à l'aſſemblée; on ne lui propoſa point de ſigner le ſerment.

N. B. Le même témoin reparoîtra ſous le n°. 16.

Huitième témoin.

Potrinot, ſoldat du même bataillon. Il a mis ſa marque ordinaire au bas d'un papier, où l'on lui diſoit qu'il s'agiſſoit d'être FIDÈLE A LA NATION, AU ROI ET A LA LOI. *Le lendemain, voyant que c'étoit* une bévue, il rendit compte à ſon capitaine; on ne lui a point parlé d'être fidèle à l'aſſemblée.

Neuvième témoin.

Galinier, *idem*. Il ſe rendit à l'aſſemblée avec trois chaſſeurs, & Boſque mit leurs marques ordinaires au bas d'un papier qu'on lui lut, & dont il ne se rappelle pas ; le lendemain, il en avertit son commandant ; *ce n'est pas Bosque qui l'a invité ; il y fut, ainsi que trois autres chasseurs, d'eux-mêmes ; il n'avoit jamais auparavant parlé à Bosque.*

Dixième témoin.

Gilbert Dupont, *idem.* Il descendoit du fort, rencontra deux bourgeois, qu'il ne connoît pas, & qui l'engagèrent d'aller dans une maison où ses camarades avoient été ; il y alla : Bosque lui lut un papier, où il s'agissoit D'ÊTRE FIDÈLE A LA NATION, AU ROI ET A LA LOI ; Bosque lui dit qu'il seroit libre, *mais ne lui dit pas que cela le dispensoit de ses obligations.*

Onzième témoin.

Morin, soldat du second bataillon de la Guadeloupe. Il n'a *jamais eu de communication avec Bosque.* Il alla, le 27 octobre 1789, à l'assemblée patriotique, où il signa un serment à-peu-près semblable à celui qui fut prêté le 28 (le lendemain) ; il s'agissoit D'ÊTRE FIDÈLE A LA NATION, AU ROI ET A LA LOI. Le déposant, ayant ensuite eu peur d'avoir mal fait, en avertit son capitaine.

Douzième témoin.

Bauvais, *idem.* Il ſigna un papier où il s'agiſſoit d'être FIDÈLE A LA NATION, A LA LOI, & d'autres mots bien placés, dont il ne ſe rappelle pas, & fidèle AU ROI; on l'invita d'engager ſes camarades à venir; on lui dit qu'il étoit queſtion de la liberté.

Treizième témoin.

Le Moine, *idem.* Un bourgeois l'engagea de venir à l'aſſemblée nationale (patriotique), lui dit qu'il ſeroit libre, qu'il n'y auroit plus de cantine; il ſigna un papier, qui portoit d'être FIDÈLE A LA NATION, AU ROI ET A LA LOI. Le bourgeois qui l'a invité ſe nomme Balade, & eſt tailleur.

Quatorzième témoin.

Déveaux, *idem.* Boſque lui lut un papier, qu'il n'a pas trop compris, lui dit que c'étoit pour ſa liberté, pour la ſienne & pour celle de la nation; Boſque lui dit que l'on pourroit ſigner auſſi bien le papier chez lui qu'à l'aſſemblée.

Quinzième témoin.

M. le baron de Widerſpach, officier au régiment de la Guadeloupe. Le ſoldat Garot lâcha des propos chez M. Tibeaux, entr'autres que les soldats de la compagnie de M. Cordelier se proposoient de demander leur liberté, le jour de la fête.

Seizième témoin.

Garot (le même qui avoit paru sous le n°. 7.) Il a dit ce que vient de déposer M. le baron. *Mais ce n'est point a l'instigation de Bosque, & c'étoit d'après ce qu'ils avoient oüi-dire qui s'étoit passé en France.*

Dix-septième témoin.

Damelet, soldat au second bataillon de la Guadeloupe. Bosque lui a dit que les soldats seroient libres d'aller où ils voudroient, sans lui parler de boire. Le déposant signa un papier a l'assemblée patriotique, entre les mains de Bosque, où il promettoit d'être FIDÈLE A LA NATION, AU ROI ET A LA LOI; de ne point *abandonner leurs drapeaux, ni le roi.* Il fut invité par des bourgeois, & Bosque lui donna la plume pour signer.

Dix-huitième témoin.

Chapp, tailleur, au Port-Louis. *Bosque lui proposa de faire une souscription ; à l'effet de donner des rubans pour faire des cocardes, & une fête à la troupe, avec quatre bariques de vin & un bal. Bosque vouloit régaler la compagnie de M. Cordelier la première. Il dit qu'il y auroit bonne intelligence entre les bourgeois & le militaire. Il chargea le déposant de faire un drapeau national. Le serment de l'assemblée patriotique étoit de contenir le bon ordre dans l'assemblée, le bien public, & que celui qui y manqueroit seroit indigne d'être François.*

Demandé par l'accusé Bosque, s'il ne lui avoit pas dit « que la cocarde se présenteroit d'abord à MM. les chefs » ? OUI.

N'a-t-on pas agité dans l'assemblée d'envoyer des invitations aux habitans? Oui. Mais il fut défendu, par M. le commandant, de les imprimer.

L'intention de l'assemblée patriotique n'étoit-elle pas d'adresser des remercîmens à l'assemblée nationale, & une bourse pour les veuves & les orphelins ? Oui.

« Les habitans devoient-ils être invités au dîner » ? *Oui.*

« Y a-t-il eu des imprimés envoyés à ce sujet » ? *Oui.*

« Demandé par M. Pétrie, l'un des juges: a-t-il été question de nommer des commissaires dans l'assemblée patriotique » ? *Oui, quatre pour la police de l'assemblée.*

N. B. M. le major Fagan, l'un des juges, récusa

le témoiguage de Chapp, par des raiſons qu'il déduiſit; de ſorte que ce témoignage a été annullé, & que MM. du petit-juré ont été requis de n'y avoir aucun égard.

Dix-neuvième témoin.

Bonnafond, ſoldat au ſecond bataillon de la Guadeloupe. Il ſigna un ſerment à l'aſſemblée patriotique, dont il ne ſe rappelle pas en entier, mais qui portoit d'être fidèle *à la nation, au roi & à la loi.*

Vingtième témoin.

Chinſot, ſoldat au ſecond bataillon de la Guadeloupe. Il entra par curioſité à l'aſſemblée patriotique, n'y reſta que quelques minutes. Quelques jours après, il revint engagé par deux bourgeois, & invité par le petit homme de la maréchauſſée; il ſigna un papier, qui portoit *que tout bon François devoit être fidèle à la nation, au roi & à la loi*, & que c'étoit pour la liberté des uns comme des autres.

Vingt-unième témoin.

Beaulieu, ſoldat au même bataillon. Il n'a fait qu'entrer une fois dans l'aſſemblée patriotique, dont il reſſortit au bout de dix minutes; étant en présence de M. Smith, Bosque lui dit : vous voyez ce que nous venons de faire pour vous ; vous ferez la même chose pour nous. Le déposant lui répondit qu'oui, si c'étoit à propos.

Vingt-deuxième témoin.

M. Smith, prévôt-maréchal. Le soldat Beaulieu, qui est perruquier, le peignoit ; Bosque entra d'un air riant, dit à Beaulieu : » Ha çà, vous savez ce que nous venons de faire pour vous ; j'espère que dans l'occasion vous ne nous manquerez pas.

Les vingt-deux témoins qui précèdent, ayant été présentés & entendus contre l'accusé Bosque, celui-ci fit entendre en sa faveur les sieur Wyatt, Lafond, Blanchard & Sauveur, qui expliquèrent différentes particularités, mais qui ne dirent rien de contraire aux faits rapportés par les témoins contre l'accusé

Nous commissaire-général-ordonnateur & président des cours ayant jurisdiction criminelle à Tabago, certifions que les substances des dépositions ci-dessus sont conformes aux notes que j'ai prises à la cour d'Oïer & Terminer, le 13 de ce mois, & que je lus au petit-juré, en lui donnant ma charge sur l'accusation contre Charles Bosque. Fait au Port-Louis-Tabago, le 18 novembre 1789.

ROUME DE SAINT-LAURENT.

Nous soussigné, chevalier, conseiller du roi, son procureur-général aux cours ayant jurisdiction en l'isle de Tabago, certifions, autant que notre mémoire peut nous le permettre, que l'extrait ci-dessus transcrit, renferme la substance des dépositions qui ont été reçues le 13 novembre 1789, à la cour d'Oïer & Terminer, contre le sieur Charles Bosque, accusé. Nous pouvons d'autant mieux certifier la fidélité de cet extrait, qu'en notre qualité de procureur-général, nous avons traduit ledit Bosque devant la cour d'Oïer & Terminer, à laquelle nous avons présenté les témoins ci-dessus dénommés, lesquels nous avons interrogés publiquement sur les faits expliqués en leurs dépositions. Nous certifions aussi que, par un usage que nous ne pouvons approuver, les cours d'Oïer & Terminer ne font pas rédiger légalement, par écrit, les dépositions des témoins qu'elles entendent. Les juges attentifs & scrupuleux en prennent ordinairement des notes, mais qui, n'ayant rien de légal, présentent peu de sûreté à l'ordre public & à l'accusé. Au Port-Louis de Tabago, le 28 janvier 1790.

DE CHANCEL, procureur-général.

Je soussigné, l'un des juges de la cour d'Oïer & Terminer, certifie que les dépositions ci-dessus ſont la ſubſtance de celles faites devant la cour.

P. A. DUFAUR.

Je ſouſſigné, certifie, autant que ma mémoire peut me le permettre, que les dépoſitions ci-deſſus ſont telles qu'elles furent faites devant la cour.

W. IRVINE.

Je ſouſſigné, l'un des juges de paix du quorum de cette iſle, & interprète général, ayant rempli les fonctions de cette dernière place à la cour d'Oïer & Terminer, certifie que les dépoſitions ci-deſſus ſont la ſubſtance & conformes à celles faites devant ladite cour. Au Port-Louis-Tabago, le 5 février 1790.

EDMOND SAINT-LÉGER.

H.

TRADUCTION littérale des mêmes dépoſitions, rédigées en anglois & certifiées par le ſieur Thomas Wilſon, un des juges de paix & accuſateur.

Premier témoin.

FAVAUX DU RINGLET, directeur du domaine par intérim, dit que le priſonnier avoit déclaré dans son bureau, en présence de M. Dufrenoy, qu'il avoit la compagnie de M. Cordelier à ses ordres, toutes les fois qu'il en voudroit faire usage; que cela se passa trois jours avant la tenue de l'assemblée patriotique du 23 octobre 1789, où ledit déposant se trouva, & que ledit déposant protesta contre l'égalité, à moins qu'elle ne fût sanctionnée par MM. les administrateurs.

Deuxième témoin.

Dufresnoy, un des visiteurs du domaine, a entendu le prisonnier faire la même déclaration, en ce qui concerne la compagnie de M. Cordelier, comme le précédent témoin; que cela se passa vers les dix heures du matin, & que le prisonnier paroissoit de sang-froid & réfléchi; *que le déposant ne lui a pas entendu dire pourquoi il avoit à ses ordres la compagnie de Cordelier*; que le déposant s'est trouvé une fois à l'assemblée patriotique, mais qu'il ne s'y passa rien dans le temps qu'il y fut, si ce n'est l'élection du président, du vice-président & du secrétaire.

Troisième témoin.

M. Thèbe, marchand au Port-Louis, a entendu le prisonnier déclarer, dans sa boutique, qu'il avoit la compagnie du capitaine Cordelier à ses ordres, & que si le commandant n'avoit pas pris la cocarde dans le temps, la compagnie de Cordelier l'auroit prise sans sa permission ; & que tous ceux qui ne voudroient pas devenir membres de l'assemblée patriotique, seroient regardés comme des poltrons, & que lui, Bosquè, avoit fourni des rubans à la compagnie du sieur Cordelier, pour faire des cocardes.

Que le déposant fut deux fois à l'assemblée patriotique ; la première, « lorsque les députés furent » envoyés vers les administrateurs, pour les re- » quérir de légaliser leurs séances, & la seconde » fois, lorsqu'il se joignit à la motion pour dé- » clarer leur séance illégale, à moins qu'ils » n'eussent obtenu la sanction de MM. les admi- » nistrateurs ».

Quatrième témoin.

Bertrand Fadeuilhe, notaire public, dit que le mardi 27 octobre, à midi, qu'ayant appris que les soldats avoient été admis aux séances de l'assemblée patriotique, il s'y transporta avec MM. Gauthier, avocat, & Sornet.

Qu'à son arrivée, il y *trouva plusieurs soldats*, *qui signèrent un serment en présence du président*, *du vice-président & du secrétaire* ; *que ce serment portoit d'être fidèle à la nation*, *au roi & à la loi* (1) ; qu'il attendit que les soldats fussent sortis avant de faire sa motion, portant que l'assemblée n'avoit pas de pouvoir de recevoir le serment des troupes sans la permission de MM. les administrateurs ; « que M. Bosque fit une grande » opposition à sa motion » : mais que M. Grelier, président, immédiatement après, donna son opinion, & ordonna que le papier sur lequel les soldats & les autres avoient souscrits fût déchiré, ce qui fut approuvé.

Le déposant observe *que les soldats ont signé sous la direction de M. Bosque, sans la connoissance du président & du vice-président*, & qu'il seconda la motion, pour que toutes les séances de la présente assemblée fussent réputées illégales, n'étant pas sanctionnées par les administrateurs.

Le déposant déclare qu'à la séance précédente, tous ceux qui étoient présens furent obligés de signer le serment, soit qu'ils le voulussent ou non, & qu'il ne fût permis à personne de sortir sans l'avoir fait.

« Le prisonnier a demandé au déposant s'il » n'avoit pas secondé la motion qu'il avoit faite pour » faire déchirer le papier sur lequel étoit écrit le » serment. Le déposant a répondu que *non*. »

---

(1) Observez les contradictions qui se rencontrent dans cette déposition.

Cinquième témoin.

Garnaud, marchand dans la ville du Port-Louis, & un des petits-jurés, déclare qu'il est allé une fois seulement à l'assemblée, avec MM. Gauthier, Fadeuilhe & Saint-Léger; qu'il ne faisoit que d'arriver de la Martinique, & qu'il proposa quelques motions semblables à celles qui avoient passé à la Martinique, lesquelles furent rejettées; qu'une motion fut faite par M. le Borgne, portant que toutes les délibérations qui étoient passées & qui passeroient dans la suite, seroient regardées comme loix du pays; que lui, déposant, argumenta avec force contre cette motion, ce qui fit qu'elle fut rejettée.

Sixième témoin.

Pierre Perrein, cantinier de la troupe, déclare que, le 23 octobre 1789, il se trouva à l'assemblée patriotique; qu'il a signé un papier sur lequel étoient plusieurs signatures; qu'il répugnoit beaucoup à cela, la première fois, comme il ne voyoit pas le nom de M. Dangleberme ou quelqu'autres qu'il regardoit comme les principaux de la ville; que M. Bosque, le prisonnier, étoit là, & étoit dit en qualité de secrétaire de l'assemblée; que la deuxième fois qu'il se trouva à cette assemblée, une motion fut faite si elle étoit légale ou illégale, « & qu'elle » fut déclarée légale par quarante-sept voix contre » vingt-trois; qu'il y a paru un soldat qui portoit » une veste blanche, qui se présenta pour signer » le serment, & que M. Chancel le jeune se leva, » & demanda si on devoit permettre à cet homme » de signer le serment ou non : on consentit, » & il fut permis au soldat de signer le serment; » Qu'en addition à ce serment, autant que le » déposant peut se rappeller, les anciennes loix » doivent être observées jusqu'après l'assemblée de » toute l'isle, qui devoit être convoquée le jeudi » suivant », & que ceux qui manqueroient, recevroient une punition corporelle par leur désobéissance; « que le serment fut dressé par le » président, le vice-président, & le prisonnier, » comme secrétaire, & étoit d'être fidèle à la » nation, au roi, à la loi & à l'assemblée patriotique, » & que ceux qui abandonneroient ladite assemblée » patriotique, seroient regardés comme des poltrons. Le déposant fut rencontré par M. la Coste, » officier du régiment de la Guadeloupe, qui lui » demanda s'il étoit encore résolu de se tenir au » serment qu'il avoit pris dans cette assemblée de » polissons, auquel il répondit: certainement; mais » s'il y avoit des polissons dans l'assemblée, ils » doivent être punis, & que lui & les autres

» membres

» membres honnêtes devoient être diſtingués. Le » dépoſant fut interrogé s'il n'avoit pas dit à M. la » Coſte qu'il ſeroit bien fâcheux qu'on le tuât ; à » quoi il a répondu que c'étoit la première fois » qu'il entendoit un pareil diſcours ».

Septième témoin.

Garrot, barbier & ſoldat, déclare que le priſonnier Boſque lui dit qu'il n'y auroit plus de cantine ; que les ſoldats ſeroient maintenant libres d'aller boire où il leur plairoit, & qu'il payeroit un dîner pour les ſoldats de la compagnie de Cordelier, pour les peines qu'ils avoient priſes en plantant un mât de pavillon pour élever la couleur patriotique devant ſa maiſon ; qu'il eſt allé à l'aſſemblée patriotique, mais qu'il n'a ſigné ni papier, ni pris de ſerment.

Nota. Le ſieur Wilſon rapporte, immédiatement après cette dépoſition, celle que fit le vingtième témoin. Pour ne laiſſer aucune ambiguité ſur cette tranſpoſition, nous la rapporterons dans ſon ordre naturel.

Huitième témoin.

Jean-François Pottrinot, ſoldat du régiment de la Guadeloupe, déclare qu'en paſſant dans la rue, M. Boſque, le priſonnier, lui fit ſigne de monter à l'assemblée patriotique; qu'il fit sa marque à un serment qu'il lui lut, & qui étoit d'être *fidèle à la nation, au roi & à la loi.*

Neuvième témoin.

Louis Galinier, soldat *dito*, déclare que lui & trois de ses camarades, se trouvant à l'assemblée patriotique, M. Bosque, le prisonnier, leur présenta le serment pour signer, ce qu'ils firent; & que, lorsqu'ils s'en furent, quelques membres leur dirent de faire leurs efforts pour engager le plus de leurs camarades à venir signer le serment.

Dixième témoin.

Guilbert Dupont, soldat *dito*, déclare qu'il a été rencontré, dans les rues du Port-Louis, par quelques citoyens, qui lui demandèrent s'il n'iroit pas à une certaine maison où ses camarades étoient, & ne feroit pas ce qu'ils avoient faits, & que conformément à cela, il vint à l'assemblée, & on lui dit de signer un papier, qui étoit d'être fidèle à la nation, à la loi & au roi; à quoi il voulut faire quelques objections; mais que M. Bosque, le prisonnier, lui dit qu'il n'y avoit rien de mal là pour lui, qu'il étoit maintenant libre, & pourroit faire ce qui lui plairoit; d'après quoi il fut décidé à signer le serment; il ajouta qu'il n'avoit jamais entendu parler du repas que le prisonnier avoit intention de donner à la compagnie de Cordelier.

Onzième témoin.

Morin, soldat dans le même régiment, déclare que jamais il n'a entendu parler du repas que M. Bosque se proposoit de donner aux soldats; qu'il fut à l'assemblée patriotique, où il vit M. Bosque, & signa le serment d'être fidèle *à la nation, à la loi & au roi*; qu'il n'y fut point engagé par quelqu'un, & qu'il n'a point entendu M. Bosque inviter quelqu'un de ses camarades.

Douzième témoin.

Beauvais, soldat au même régiment, dit que lui & plusieurs de ses camarades furent invités par un citoyen, de le suivre à la comédie (1), signifiant l'assemblée patriotique; qu'ils y virent M. Bosque, M. Guys & le président, qui leur dirent de signer un papier, où un serment étoit écrit d'être *fidèle à la nation & à la loi*, & quelqu'autres mots avec,

---

(1) Le vulgaire nommoit la maison où l'assemblée patriotique tenoit ses séances, la comédie, parce que deux mois auparavant il y avoit eu un théâtre élevé dans cette maison, sur lequel on se proposoit de jouer la comédie.

dont il ne se rappelle pas, mais qu'il pense que c'étoit d'être *fidèle aussi au roi*; qu'ils leur dirent qu'ils seroient maintenant libres, & d'engager le plus de leurs camarades qu'ils pourroient à venir signer le même serment; qu'il n'y avoit rien de mal là, car ils étoient une assemblée d'hommes libres.

reizième témoin.

.. ..oine, soldat du même régiment, déclare que M. Bosque lui avoit dit que les soldats étoient maintenant libres & pouvoient aller boire où il leur plairoit; qu'il a été engagé par un citoyen nommé Ballat, tailleur, d'aller à l'assemblée patriotique, où il se trouva avec plusieurs de ses camarades; que M. Bosque lui présenta à signer un papier, en présence du président & vice-président, qui portoit d'être *fidèle à la nation, au roi & à la loi.*

Quatorzième témoin.

Devaux, soldat du même régiment, déclare que M. Bosque lui dit que le papier qu'on lui faisoit signer, étoit pour lui donner sa liberté, & en même temps pour assurer la liberté de tous les citoyens, & qu'il lui dit de le signer, ce qu'il fit, & M. Bosque lui dit alors s'il trouvoit quelqu'un qui voulût ſigner le même papier, il le trouveroit à ſa maiſon.

Quinzième témoin.

M. le baron de Widerſpach, officier dans le même régiment, déclare qu'un ſoldat de la compagnie de Cordelier, nommé Garrot, diſoit, dans la maiſon de M. Thibaux, & en ſa préſence, que M. Boſque avoit dit à ſes camarades qu'ils étoient libres, & qu'ils ſe propoſoient d'aller un beau jour chez le commandant pour lui demander leur congé. Que le dépoſant dit alors à ce ſoldat de ne pas croire de telles folies, car ils ſeroient certainement punis, s'ils le faiſoient.

Garrot, ſeptième témoin, fut alors appellé; « que » ce n'étoit pas M. Boſque qui leur avoit ſuggéré » de demander leur liberté, mais que cette idée » leur venoit de ce qu'ils avoient entendu dire » ce qui s'étoit paſſé en France ».

Seizième témoin.

Damelet, ſoldat dans le même régiment, déclare que M. Boſque lui a dit que les ſoldats étoient maintenant libres d'aller où il leur plairoit; que, paſſant devant la maiſon où l'aſſemblée patriotique ſe tenoit, il fut appellé pour ſigner un papier qui lui fut préſenté par M. Boſque, ce qu'il fit, & jura d'être fidèle *à la nation, au roi & à la loi*, & de ne jamais abandonner son roi ni ses drapeaux.

Dix-septième témoin.

Chapp, tailleur dans la ville du Port-Louis, déclare que le prisonnier, M. Bosque, vint à lui avec un papier « contenant une liste de plusieurs » personnes, & dit qu'ils étoient peu de François, » qu'ils devoient se soutenir; » qu'il désireroit faire une bourse, afin d'acheter des rubans pour la troupe, & qu'il désiroit donner un dîner & quatre barriques de vin pour la compagnie de Cordelier, & un bal le soir, & qu'il devoit y avoir un pavillon national & parades dans les rues avec cela. Le déposant ayant été interrogé s'il connoissoit le serment, dit « qu'il étoit d'observer un bon ordre » dans l'assemblée, & la sûreté publique de la » nation & de l'assemblée patriotique; il dit aussi » que les cocardes devoient d'abord être présentées » aux chefs de l'administration, & demander leur » consentement pour donner la fête; qu'ils de- » voient encore faire une bourse pour l'envoyer » pour soulager les veuves & les enfans de ceux » qui étoient morts en défendant la glorieuse cause » de la liberté; qu'ils devoient aussi faire une » lettre de remercîmens à l'assemblée nationale,

» par leurs députés, auquel emploi M. Bosque » espéroit d'être nommé; que l'intention de l'as- » semblée patriotique étoit d'inviter tous les habi- » tans de cette isle à cette fête, & de nommer » quatre commissaires de police pour la ville du » Port-Louis, afin de maintenir le bon ordre » dans l'assemblée ».

Dix-huitième témoin.

Bonafond, soldat dans le même régiment, déclare qu'il s'est trouvé, avec quelques-uns de ses camarades, à l'assemblée patriotique, où un papier lui fut présenté à signer, ce qu'il fit, & jura d'être fidèle *à la nation, au roi & à la loi.*

Dix-neuvième témoin.

(1) Beaulieu, soldat dans le même régiment, déclare qu'il n'a jamais eu aucune conversation avec M. Bosque, & que la première fois qu'il se trouva à l'assemblée patriotique, il y vit un grand nombre de personnes, & que, comme il avoit plus de faim que de curiosité, il s'en fut souper; & qu'une autre fois qu'il s'y trouva, il vit plusieurs citoyens arrêtés dans la rue, qui lui demandèrent s'il n'avoit pas signé le serment; il leur

(1) Ce n'est point Beaulieu qui a fait cette déposition, c'est Chinsot : inexactitude de M. Wilson.

répondit que non : que passant là maison, le petit homme de la maréchaussée lui fit signe, de la fenêtre, de venir, & qu'étant là, on lui présenta un papier, qui étoit sa liberté pour lui & toute la nation, lequel il signa, *& jura d'être fidèle à la nation, au roi & à la loi* (1).

Ce déposant fut appellé une seconde fois, après le dix-neuvième témoin, & dit qu'il ne connoissoit rien de ce que le prisonnier Bosque a dit aux soldats ; qu'il s'est trouvé une fois à l'assemblée patriotique environ dix minutes, mais qu'il n'a jamais signé de papier ni prêté serment ; mais que M. Bosque lui dit : vous voyez ce que nous avons fai[illegible]ur vous, & nous espérons que vous [illegible] pour nous.

[illegible]B. Ce témoin n'a paru qu'une fois.

Vingtième témoin.

William Smith, prévôt-maréchal, déclare qu'un jour étant dans la galerie de M. Fullerton, à se faire peigner par un nommé Gauthier, soldat dans

---

(1) Celle qui suit est celle de Beaulieu, que M. Wilson a mis dans la bouche de Garrot, qui, s'il est vrai, auroit déposé trois fois à la même séance ; c'est pourquoi nous la rapportons ici dans son ordre naturel, pour ne faire aucune équivoque.

le régiment de la Guadeloupe, il entendit M. Bosque dire à ce soldat, vous savez ce que nous avons fait pour vous, j'espère que, dans l'occasion, vous ne nous manquerez pas.

Total des témoins entendu contre le prisonnier.

Extrait des dépositions prises contre MM. Grelier & Guys, le 14 novembre 1789, & certifiées par MM. Roume de Saint-Laurent, de Chancel, P. A. Dufaur, W. Irvine, & Edmond Saint-Léger.

Septième témoin.

Tourtier, de la compagnie de M. Cordelier. Il y a cinq semaines qu'il dîna chez Bosque. Bosque lui fit la lecture d'un écrit sur les Caraïbes. Quelques jours après, le sieur Bosque lui lut la gazette de Sainte-Lucie, *lui fit valoir la générosité des habitans de cette isle*, ET LUI PROPOSA DE SIGNER UNE SOUSCRIPTION EN FAVEUR DES VEUVES ET DES ORPHELINS DE CEUX QUI ONT ÉTÉ TUÉS EN FRANCE. Le déposant répondit qu'il ne pouvoit le faire, étant subordonné à ses officiers; mais qu'il contribueroit à cetre bonne œuvre, autant qu'il en auroit le moyen. Le sieur Bosque *lui proposa de copier deux lettres circulaires d'in-*

vitation, pour engager le public à s'assembler; il les copia. Bosque ne les trouvant pas assez bien écrites, les déchira. Le déposant fut une fois à l'assemblée patriotique; il y vit une grande cohue de bourgeois & de militaires. Le commis du sieur Bosque lui présenta un papier pour signer, ce qu'il refusa. Etant un soir chez le sieur Bosque, celui-ci lui proposa de faire prendre la cocarde à la compagnie de Cordelier, ce qu'il refusa, comme étant contraire à ses devoirs, & cessa d'avoir ensuite des communications avec le sieur Bosque... M. le Maire lui ayant dit que M. Bosque s'étoit vanté d'avoir la compagnie de M. Cordelier à ses ordres, il fut en prévenir son capitaine, qui traita cela comme une gazette. Excepté la proposition de prendre la cocarde, Bosque ne lui a jamais rien proposé qui fût mal.

TÉMOIGNAGE pris de la part du prisonnier BOSQUE.

Premier témoin.

M. Wyatt, commis dans le bureau de l'ordonnateur, « déclare qu'il a connoissance d'une lettre » circulaire, invitant tous les habitans de l'isle à » se trouver un certain jour, à la maison de Lan- » gourand, pour former une assemblée patriotique,

» laquelle étoit ſignée par Charles Boſque » ; mais s'ils la reçurent ou non, il n'en ſait rien.

Un jour après dîner, il ſe trouva « à la maiſon » du priſonnier, où étoit pluſieurs perſonnes, & » M. Boſque lui dit que le matin il avoit été » mis aux arrêts par le procureur général, mais » qu'il en avoit été relevé par M. le commandant ». Que le dépoſant ſe trouva le ſoir avec le priſonnier & une autre perſonne à l'aſſemblée, où il vit pluſieurs perſonnes, comme MM. Grelier, Fremin; qu'il ne ſe paſſa rien, ſi ce n'eſt le choix du préſident, vice-préſident & du ſecrétaire. « Qu'ils ſignèrent » une demande à MM. les adminiſtrateurs, » d'approuver l'aſſemblée & de la protéger. Que » M. *Boſque fit pluſieurs motions à l'aſſemblée;* » *toutes tendantes au maintien de la paix & du* » *bon ordre, & au bien général.* Quatre membres » furent nommés pour préſenter leur demandes à » MM. les adminiſtrateurs, qui, étant de retour, » déclarèrent que le commandant avoit refuſé de les » voir ». *Qu'on fit une motion de faire imprimer une lettre circulaire, pour envoyer aux habitans de la colonie, pour les inviter de ſe joindre à l'aſſemblée; qu'il a été préſent à pluſieurs de leurs aſſemblées, & qu'il n'a jamais rien vu qui ne fût décent & honnête dans la conduite de M. Boſque.*

Deuxième témoin.

M. Lafond, commis-greffier de l'amirauté, *fit la même déposition que M. Wyat.*

Troisième témoin.

M. Blanchard, marchand de rum, par permission du gouvernement, déclare que la première fois qu'il entendit parler de l'assemblée patriotique, M. Bosque, le prisonnier, lui dit qu'il avoit intention d'assembler les citoyens du Port-Louis, de la même manière qu'ils l'avoient été à l'isle de Sainte-Lucie, & qu'il n'y avoit pas d'autres intentions. Qu'il n'a jamais entendu dire que leur intention étoit de s'arroger quelques autorités législatives, & de changer les loix existantes dans la colonie.

Quatrième témoin.

M. Sauveur, *dito*, déclare la même chose que le témoin précédent, & que M. Fadeuilhe désaprouva que l'on eût permis aux soldats de signer le serment, mais qu'il ne se rappelle pas si M. Bosque seconda M. Fadeuilhe ou non.

Je certifie que les minutes ci-dessus étoient prises par moi, un des juges du banc du roi.

THO : WILSON.

L.

JUGEMENT CONTRE LE SIEUR BOSQUE.

Extrait de la séance de la cour d'Oïer & Terminer, tenue au Port-Louis-Tabago, le 16 novembre 1789.

Présens messieurs Roume de Saint-Laurent, Huc de Fagan, Thomas Wilson, Gilbert Pétrie, Paul-Antoine Dufaur, Christophe W. Irvine, Nathaniel Steward.

La cour ayant été proclamée, &c. &c.

Ledit Charles Bosque ayant été amené à la barre, la cour a prononcé jugement contre lui, que ledit Charles Bosque ayant été trouvé coupable des faits énoncés dans le susdit indictement, *sera emprisonné pendant l'espace de six mois de ce jour, sera mis & restera au carcan depuis midi jusqu'à une heure, le 16 du mois de mai prochain, à moins qu'à l'expiration des six semaines, à dater de ce jour, il ne signifie, à deux juges quelconques de cette cour, qu'il est consentant de partir de cette colonie, & de n'y jamais revenir, & ce sous son serment; auquel cas*, lesdits juges feront enregistrer ledit serment & ladite requête ſur les regiſtres de cette cour, & ils demanderont à M. le commandant en chef la permiſſion pour que ledit Boſque parte, ſans préjudicier à ſes créanciers.

Collationné par moi, ſecrétaire de la couronne.

C. WIGHTMAN.

M.

TABAGO.

DE la ſéance de la cour de chancellerie, tenue le 16 novembre, en a été extrait ce qui ſuit:

Préſens meſſieurs le chevalier de Jobal, commandant en chef; Roume de Saint-Laurent, commiſſaire-général-ordonnateur; Gilbert Pétrie, conſeiller.

La cour ayant pris ſéance,

Me. Fadeuilhe, avocat, au nom de pluſieurs de ſes cliens, créanciers du ſieur Charles Boſque, pria la cour, pour la conſervation des biens dudit ſieur Boſque, & pour la ſûreté de ſes créanciers, de nommer pour ſéqueſtre à ſes biens, meubles & immeubles, telle perſonne qu'elle jugera capable.

La cour, prenant en conſidération la demande, a nommé M. Gauthier, avocat en cette cour, ſéqueſtre des biens dudit ſieur Boſque.

La cour fut ajournée à mardi 24 du présent mois (1).

Certifié par Charles Wightman, secrétaire, pour copie conforme.

C. WIGHTMAN, secrétaire de chancellerie.

Saint-Pierre Martinique, *le* 24 *Avril* 1790.

NOUS, les soussignés volontaires de la colonie de Tabago, actuellement en cette isle,

Déclarons & attestons, par ces présentes, que le sieur Charles Bosque, avocat en l'isle de Tabago, s'y est conduit avec intégrité, désintéressement & zèle pour ses cliens, en sa qualité d'homme public; & qu'en qualité de citoyens françois, il y a donné les plus grands exemples de son patriotisme, & de l'empressement avec lequel il s'est employé pour former, à Tabago, une assemblée patriotique.

Nous déclarons, en outre, que plusieurs d'entre nous avons été membres de ladite assemblée, ou y avons assistés, & qu'il ne s'y est rien passé qui ne fasse honneur aux citoyens François de Tabago.

---

(1) *N. B.* Il y avoit seize jours que ma maison étoit à l'abandon, mes domestiques en prison, point de scellés apposés, aucuns gardiens, & ce fut sur une simple demande du sieur Fadeuilhe, que le sieur Gauthier fut nommé séquestre.

En foi de quoi nous avons ſignés,

Segain, E. Lafon, Bigé, J. Chapp, Dumont, Cocquenet, Blanchard, Laneau, Foulimé, Marchand, porte-drapeau; Stofback, Barbin, Guenon, Fouquet, Perrein, David, Baïeu, Auguſte Fiot, Jean Mignac, G. Audibert, Tetart, Gaſpard, Rœdelberg, Vrignault aîné.

N'étant pas à Tabago dans le temps où M. Boſque y a exercé les fonctions d'avocat, je ne puis cependant m'empêcher de dire que l'on me l'a toujours cité comme un galant & parfait honnête homme. Saint-Pierre-Martinique, ce 26 avril 1790.

MONT-LOUIS, lieutenant.

Nous, commiſſaires nommés par l'aſſemblée générale, ſection de la Bibliothèque (ci-devant des filles Sain-Thomas), à l'effet de collationner les pièces juſtificatives ci-deſſus & des autres parts, certifions qu'elles ſont conformes aux originaux qui nous ont été préſentés par le ſieur Boſque. A Paris, le 25 novembre 1790. J. HUGOU. J. C. MAGOL, LAVALLÉE, VITRY, notable adjoint, L. MILLY.

www.ingramcontent.com/pod-product-compliance
Ingram Content Group UK Ltd.
Pitfield, Milton Keynes, MK11 3LW, UK
UKHW020305180726
13839UKWH00001B/373